「我的肉肉年代」

周靓 著

人民邮电出版社
北京

RECOMMEND
推荐语

“其实你不适合演艺圈！”

这是我第一次遇到周靓时说的话。

这位小姐识大体有礼貌的程度，放在任何场合，都是炙手可热、人见人爱，但是进了这一行，那个含蓄退让又时时挂念父亲是否会生气的女孩可吃大亏了。

演艺圈是个就算镜头没在拍，或你远在看不见的位置，就算你背对观众，都得想尽办法让别人注意到你的地方，周靓……不是这种个性。严格来讲，除了她天使般的脸孔、魔鬼般的身材之外，其余都是非常吃力的。

但她很不高兴我常叫她退隐这件事，总用“我都还没开始，怎么告别”来抵抗我言语的打击，然后信心满满地大步离去，这点儿毅力和个性倒是挺难得的。

这是周靓的第一本书，是一本用汗水来对抗脂肪和懒惰，用线条来与肉肉、骨架相处的美丽书籍。老实说，在心里的一个角落，我还是非常希望她能成功。对于这五光十色的舞台，能多些可爱的方式登台，也是十分美好的事儿，祝福她……

詹仁雄

我是一个非常热爱运动、也想一直挑战自己的人。

还记得第一次认识周靓的时候，她劈头就对我说她觉得自己好胖，问我到底要怎么样才能瘦下来。我告诉她，要拥有一个完美的身材，不是一天两天就能做到的，而是要循序渐进，更是一种生活习惯。虽然不是每一个人都像我那么爱运动，但是你可以选择开始爱自己，善待自己，给自己一个更健康的体态。 这本书正是要告诉你如何在享受生活的同时找到更美好的自己。从现在开始行动起来吧！

全方位艺人／武术导演　**Jimmy 洪天祥**

我肉肉，我好正！

没有女生愿意接受“你好正，因为你肉肉”这种赞美，但是很残酷的是，从古代到现在，真正的美女都是肉肉的，我们可真不愿意看到骨瘦如柴的美女在杂志封面上搔首弄姿，那会像是看到吃完炖排骨后一桌堆如小山的枯骨般无趣。原谅我，我是男人，而且还是个相信传统的男人，我相信老祖先用“珠圆玉润”形容女性的美，皮包骨显然跟这个形容词扯不上边！

我赞成，我赞扬，我赞美那些肉肉的女生，她们喜欢自己，欣赏自己，肉得健康，肉得阳光。看了这本书还可以肉对地方，我想你每天都愿意在浴室镜子前感谢自己是肉肉的女生，并且打心里礼赞这句话：“我肉肉，我好正！”

演员／主持人／导演　**张兆志**

健康的定义是什么？这是你我都在不断寻找的答案，因为健康不是一个终点，而是一个过程，与饮食、运动、作息这一切都紧紧相关。这本书不提那些不切实际的“指南”，因为没有两个人的体质是一样的，所以方法因人而异。这本书强调的是正确的习惯和方向，带领你开创属于自己的健康生活。肉肉不是罪，健美才对味！

健康是一种形态，一切取之于态度，过程中会遇到很多障碍，但只要突破了，你就可以征服它！

“征服障碍运动挑战”创办人　**周罕**

虽然妈妈生了一对鹅蛋小脸给我和姐姐，但除此之外，我们两姊妹就和大多数亚洲女生一样属于西洋梨身材，下半身特别肉。

求学时期到了美国之后，我和姐姐更是入乡随俗，放肆地大吃快餐！回到台湾工作，在电视台任职期间，也因为上班时间不定而日夜颠倒，不然就是忙到没时间吃饭，只能利用空档时间塞高热量零食果腹。很快，身体就出了一些状况，而我的体重也飙破 60 公斤大关，之后竟然被朋友笑说是主播界的杨贵妃！

后来因为老公求婚，开始筹划婚礼，这也让我下定决心要动起来，当个最美最 fit 的新娘！那阵子姐姐迷上了 kickboxing 和健身，于是我加入了她的行列，一起比赛看谁先瘦，一起控制饮食、健康乐活。

虽然我们采用的方法并不会让你立竿见影，但循序渐进的运动过程让我跟姐姐都由里到外美了起来！

这本书要献给每一位和我们一样的肉肉女孩。减肥没有快捷方式，健康更不能不召自来，“纸片人”不再是美的定义，有肉一样可以“自信”！

前年代主播　**周韵**

我人生的大半时间都跟周靓混在一起。她从小就不是骨感美女。为了迎合非瘦不可的世俗审美眼光，我看着她为了减肥，就像白雪公主一样喝下了不肖商人卖的巫婆汤后昏倒在泡面堆中。那件事吓到了我们，也从此让我们了解不当的减肥方式会危及健康。减肥的英文是 diet，隐藏了另一个单词 die。这也许是在提醒我们，误入歧途的减肥方式就像死亡一样危险，因为那是要赔上性命的！

后来我们都进了演艺圈，减肥也变成我们从未间断的工作。女艺人的宿命就是瘦，瘦了还要更瘦。也因为这样，周靓接触到很多不同类型的运动，也很大方地在这本书里跟所有想瘦得健康的女性一起分享，还综合了很重要的饮食部分。记得她妹妹周韵常说：“You are what you eat.”活得再健康，但吃得不健康的话，你的所有努力都会白费。这本书真是爱美女性最好的减肥工具书！大宝，祝你永远肉肉美美的！新书大卖！ Love you!

新生代偶像剧女演员　**王凯蒂**

PREFACE
自序

很多女生一辈子最大的功课就是“脂肪大战”，就算在别人眼中自己已经很瘦了，但自己永远觉得不够瘦。我也不例外。

从小到大，我的身材一直都是肉肉的。为了追求骨感外形，从青春期开始，我经常不择手段地减肥，市面上常见的快速减肥偏方我几乎都试过，但也因此把身体搞坏了，直到爸爸的话把我点醒。他说：“健康是人生最大的财富！健康代表 1，其他事情则是 0。就算你有好几个 0，如果没有最前头、最基本的 1，你什么都不是！”

随着年纪渐长，我愈来愈体会到健康的重要性。这一年多来，我更了解到适宜的饮食控制，再搭配适当的运动训练，才是打造健康体质的不二法门！这样不仅能够提升免疫能力、降低生病的概率，更能让身材变得结实、好看，即使不化妆也能拥有 Q 弹的好肤质。

曾几何时，“瘦”成了美的定义，让天生肉感的我曾抱怨好希望自己活在流行肉感美的唐朝。虽然骨感美人的代表有很多，从经典的女神奥黛丽・赫本到现在维多利亚的内衣模特们都好瘦好漂亮。但，别忘了女神玛丽莲・梦露，她是丰满的代表，却没人会觉得她是胖，因为她肉得很结实、很性感。所以，谁说肉就代表着不美、不性感呢？

通过这本书，我要大声疾呼：不是一定要极瘦才是美！稍微丰盈了点儿又怎么样？有肉的身材，其实是女人最原始的美感。虽然瘦子是天生的衣裳架子，但是拥有结实的身材，才算真正漂亮！

肉肉女不用怕！现在就跟着我一起用心吃、认真动，当一个有自信的肉肉美人，让自己每一天渐渐健康、渐渐美丽！

献给我的爸爸妈妈，我生命中永远的大树；
以及我亲爱的弟弟妹妹，love you all.

目 录

第 1 章 肉肉惹人爱 011

第 3 章 燃脂精瘦美人操，瘦到刚刚好 073

周靓 KEEP FIT 秘诀 153

NEVER GIVE UP

Thin

第1章

肉肉惹人爱

婴儿肥
真的可爱吗

我从小到大就是“婴儿肥”，据说是因为老妈怀我时吃了很多牛肉，以致我在娘胎里就被养成白白胖胖的巨婴。我出生时的体重重达4250克，老妈原本要自然生产，但因为我的个儿太大，被迫改为剖腹产。

有句俗话说：“小时候胖，不是胖。”这句话完全不正确，因为我的胖底子是从小一路跟随我到长大啊！偏偏，我有一个完美主义的老爸和一辈子保持好身材的老妈。我妈在结婚前非常纤瘦，婚后虽然生了4个小孩，但身材几乎没有走样，即使已经上了年纪，还是保养得宜，尤其是腿部超紧致，完全不输妙龄少女。

我爸对女人的身材非常重视，只要老妈身材略为发福，他就会毫不客气地剋她：“你的‘中段’不见了！我20年前认识的那个女人好像消失了喔……”每次都吓得我妈赶快积极瘦身。老爸也经常“恐吓”我：“你再这样吃，小心吃成100多公斤。”

因为我实在太爱吃了，饮食习惯也差，特别喜欢油炸、高热量的食物，所以从小到大总是反反复复落入“减肥、瘦、吃、胖、再减肥”的循环里。以前在学校不免会被男孩子告白，我一定会问他们为什么喜欢我？大部分的答案都是说：“喜欢肉肉的女生。”天啊！我没有听错吧？这是哪门子的赞美啊！真的让我哭笑不得。

我这几年开始戴牙套矫正牙齿，一直跟着我的婴儿肥逐渐得以改善。以前我有一点儿小暴牙，让原本有点儿婴儿肥的脸型看起来更加膨胀，自从矫正牙齿、在牙龈打入骨钉后，脸型渐渐变得比较窄小。加上矫正牙齿很痛，会降低食欲，很多硬的、软的食物也不能碰，我的肉感才渐渐消失。矫正牙齿非常痛！如果可以选择，我宁可继续保持圆脸，也不要受皮肉之苦。听说有的女生为了消除婴儿肥的脸型，甚至会动手术进行削骨，但削骨的风险很高，可能会导致瘫痪、死亡。爱美的女生，千万别用这么极端的手法来瘦脸！

少女时代
就是小“腹”人

我的体重一直保持在50多公斤，虽然不算“超重”太厉害，但我是圆圆的体型看起来特别有肉感，所以视觉上比实际的体重要胖。而且，我只要一发胖，一定先胖在肚子部位，松松垮垮的一圈肉，连走路都会跟着摇晃。为了遮掩小腹，我总是穿上宽大的衣服，但“欲盖弥彰”，看起来更肿，还曾经被误认为是怀了双胞胎！

高中时期，我在美国念了两年书，当时我的身高为170厘米，体重大约57

公斤。因为美国冬天很冷，我经常穿着厚重的大衣外套，让原本已经是“大块头”的身材变得更加虎背熊腰、身形壮硕。有一次我跟表弟在逛街，我俩的感情很好，边走边打闹。这时迎面来了一对夫妻，竟然笑着问我：“你们看起来好甜蜜！你怀孕多久了？是双胞胎吗？”妈呀！竟然胖到被误认为是怀双胞胎的孕妇！我当时恨不得挖个洞钻进去！

胖手臂、蝴蝶袖 真的好难瘦

很多女生的手臂内侧堆积着松散的脂肪，加上手臂的二头肌、三头肌区域比较无力，很容易出现像翅膀一样的“蝴蝶袖”，不仅挥动时肉会跟着摇摆，一到夏天穿起无袖上衣，手臂看起来更粗。

蝴蝶袖真的很难瘦，不管再怎么节食减肥都没用，就算你已经瘦成纸片人了，还是会有翩然飘动的蝴蝶袖。近年来我开始运动后，健身教练说，要消除胖手臂和蝴蝶袖，只有靠运动，搭配重量训练才有可能达到目标，而且要练很久！因为生理构造的关系，女生的睾酮素不到男生的 1 / 20，所以要练出手臂的肌肉，需要很长的时间。一般男生练肌肉要好几个月，女生则至少练一年，才会有一点点效果。

虽然不能立刻把蝴蝶袖消除，但练肌肉的好处是可以让身体线条看起来更好看、更结实，而且也更健康。建议大家，如果有心跟蝴蝶袖说拜拜，可以找专业的健身教练，让他告诉你什么是最正确的运动姿势，依照个人体型做调整，才能锻炼到正确的位置。我有个男性朋友自己练手臂的二头肌和三头肌，因为练习方法不正确，好不容易练出肌肉，看起来却像是手臂上凸出一块硬物，实在是非常突兀啊！

瘦了又胖，难道没有瘦下来的一天吗

我从小就很爱吃，好不容易体重减一点儿，又会开心地大吃一顿犒赏自己，所以一直进行着变胖、减肥、变瘦、大吃的循环。而且我对于喜欢吃的东西，会持续不停地吃，完全不在意饮食结构是否健康、均衡。记得刚到美国念高中时，有段时间很喜欢某一家店的馄饨，几乎每天都吃，曾经一口气买了 200 个回家，饿了就随时煮点来吃。当时我的美国监护人看我狂吃馄饨，担心我的健康失衡，但因为劝不动我，只好打电话回台湾向我爸妈求救，才让我停止这疯狂的行为。

还有一阵子，我喜欢吃某一家日本料理店的乌龙汤面和炸虾，一个礼拜要去报到好几次。有次我把吃不完的打包带回家，打算隔天再吃。我妈晚上在清冰箱时，看到炸虾已经受潮软掉、不新鲜了，就把它丢掉。我知道后，第一反应竟然是去垃圾桶把它翻出来，立刻加热吃掉。真的非常贪吃，现在想来，这一切也真的很夸张。

PRICKLY
HEAT

我曾在美国纽约、波士顿留学，在波士顿期间，住在学校的女生宿舍三楼。由于一楼就是餐厅，每次肚子饿，不需要外出，只要走几步下楼，就可以到一楼餐厅买东西吃。宿舍餐厅的伙食很好，苹果总是一大篮放在那边，让大家自由取用，但我不爱吃水果，特别爱拿巧克力饼干。尤其波士顿冬天气候寒冷，动不动就零下20几摄氏度，为了“补充热量”，我经常吃高热量食物，不忌口又不运动，不发胖都难。

在美国念书的最后一学期接近尾声时，爸爸看到我发胖的照片，气得打越洋电话“恐吓”我说：“离你回台湾还有一个月的时间，你赶快给我减肥，如果瘦不下来，我不会帮你订回来的机票！”老爸的话说得很重，吓得我赶紧瘦身。但在顺利回去后，我又找朋友出去聚餐，大吃大喝庆祝个没完没了，难怪始终瘦不下来！

肥胖
让两边的脸看起来一大一小

有一阵子，我的脸看起来两边很明显地一大一小，后来才知道，原来是因为我吃饭都用同一边牙齿咀嚼，加上我太爱美食了，吃东西的次数比正常人多，所以左右脸看起来既胖又不对称。

在美国留学的第一年的 12 月底，我回台湾过圣诞节假期，当时和家人亲友到一家以鲜美多汁著称的美式牛排馆聚餐。有好吃的牛排我当然不会错过，不仅把牛排吃光光，连餐后甜点也吃得一干二净。我的大食量让老爸看不下去，他在一大群亲友面前毫不客气地揶揄我说：“你已经这么胖了，还敢吃啊？”

当时我的脸皮也真厚，边吃边笑还回嘴：“这是美式习惯啊！吃完正餐一定要吃甜点。”此话一出，显然惹怒了老爸，只见他脸色一变：“你敢再吃，我就把桌子掀了！”我当时吐不出任何话来回嘴，只好自己生闷气，胀得满脸通红。原本生气的老爸看到我的模样，觉得好气又好笑，讥笑我是“又红又胖的猪肝脸”。由此可见，当时我的身材实在“大走样”，连老爸看了都疯狂！

驼背

坏习惯让我背负了不少肉

可能是遗传基因，加上发育得比较早，我的胸围从小就比同年龄女生突出。求学时期，我非常讨厌上体育课，因为只要一运动，胸部就会随之晃动，不但不舒服，还会引来注目的眼光。每当跑步时，男同学总会说："周靓要跑了，大家赶快来看！"我觉得好丢脸。此后只要上体育课，我便会在胸罩外再穿一件运动内衣，设法让胸部"定型"，避免过度摇晃，但两件内衣勒得胸部既热又不舒服，让我好羡慕胸部小的女同学。

PUMA

因为怕尴尬，不想被人注意到胸部，我从小习惯驼着背，试图掩饰。但长期下来，不正确的姿势反而让胸部两侧形成很明显的副乳，肩膀和背部的肌肉也变厚、容易酸痛，给人的视觉感受是没有精神、体型庞大的肉肉妹。一直到这几年进入演艺圈后，因为工作要求，有时候需要穿着服贴、展露胸型的衣服，才逐渐了解到美好身材的难能可贵：胸部大并不是什么错，只要健康、自信，都是美的。

我开始调整姿势，先从抬头挺胸、不再驼背开始，如果一发现驼背，就赶快挺直腰杆。再通过努力运动，比如拉背的动作，把上半身的线条拉得比较匀称，加上对自己的信心，终于摆脱长久以来的不良姿态。和我一样有驼背坏习惯的朋友们，赶快矫正吧！

胸罩尺寸

穿错快 15 年，结果就是副乳拼命长

因为长期习惯驼背，试图隐藏丰满的胸部，加之以前买胸罩时遇到的内衣销售员不够专业，目测判断错误，让我穿了偏小尺寸的内衣。长久下来，胸罩周围都会“卡肉”，两侧的副乳也愈长愈多。

我发现，胸罩的尺码在各地大不相同，像在美国的 D 罩杯，在中国台湾可能是 F 罩杯才是相同尺寸。但是，即使在台湾，不同品牌的胸罩版型也略有差异，每家都有各自的尺寸标准。建议姐姐妹妹们选购胸罩时，一定要试穿，才能买到最适合自己身型的胸罩，别让不合身的内衣影响了外表。

一件剪裁良好的内衣胸罩穿起来不会有明显的副乳，四周也不应该出现“卡肉”的勒痕，如果有的话，就表示不适合你。有些女生会把一件内衣穿很久，一年四季都穿同一件，其实也不正确，比如说冬天发胖就应该选尺寸大一点儿、更包覆的款式，夏天则可以选吸汗材质，避免起汗疹。不同的阶段要穿不同的尺寸，才是对自己身体最好的选择。

有些女生会担心胸部下垂，连睡觉都穿着有钢圈的胸罩上床，其实这是很不好的习惯。胸罩跟隐形眼镜一样，穿戴不能超过 8 小时，否则会影响血液循环。建议大家可穿小可爱型的薄内衣睡觉，人需要休息，胸部也需要放松！

已经胖了，就更不该穿宽松的衣服

我是“胖底子”体质，如果不忌口，总是很容易像吹汽球一样，一下子就发胖。每次一变胖，我就会穿深色的宽松衣服，想办法把肥肥的小肚腩、手臂、胖大腿全部遮起来。我以为这样比较不显胖，但后来发现，愈是穿得宽松，在视觉上愈容易显得胖嘟嘟的，因为突出的胸部、小腹和臀部会把宽松的衣服撑得更大，三围看起来都变粗，整个人很没精神。

身材偏胖的人其实应该穿合身的衣服，这样比较看得出来胸部、屁股是凸的，让腰部相对可以凹进去，视觉上会有“线条感”。而且可以通过衣服的剪裁来修饰缺点，比如说 V 字领上衣可以让脖子显得更修长迷人，裤子的刷色、抓绉设计会有修饰腿部的效果。大家可以多试试不同衣服的搭配，选出最适合自己的穿衣方法。

第2章

瘦不下来？都是有原因的

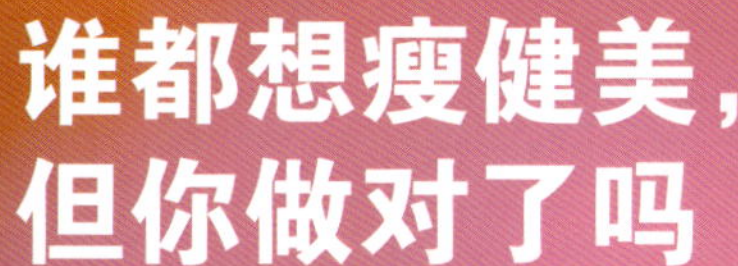

谁都想瘦健美，但你做对了吗

现代人营养过剩，很多人都尝试过减肥，许多女生甚至一辈子都没吃饱过！我也不例外，以前为了减肥，试过很多极端的方法，比如节食、狂吃苹果餐、只喝柠檬水、不吃淀粉、狂嗑青菜、吃减肥药、中医埋线、穿塑身衣、搽瘦身霜……无论是网络上流传的偏方还是朋友推荐的小窍门，几乎都试过。

每当使用单一方法激烈瘦身时，我总是在初期瘦很多，但身体的基础代谢也因为减肥而被破坏了。一旦停止减肥，体重会因为“溜溜球”效应很快就反弹回来。我的体重一直以来忽高忽低，虽然从没有超过 60 公斤，但看起来却像 60 多公斤，我想是因为我的身高有 170 厘米，加上身型是较圆、肉也偏多，所以视觉上看起来，比实际体重更重。

随着年纪渐长，我对人生的规划想得比较多。不到 30 岁，已经开始想象未来要结婚、怀孕，希望生出健康的宝宝。还有啊，我不想到了更年期身体失衡，或是罹患癌症等。从小到大的减肥惨痛经历让我意识到，要维持身体健康，又能兼顾身材，绝对不要乱吃、乱喝，最重要的是饮食要正常！我的健身教练也说，一个人要维持健美的体态，“吃”占了 7 成，剩下的 3 成才是靠运动。

女孩儿最常见的错误瘦身法

ERROR SLIMMING LAW

Lose weight

单一水果减肥，饿到发怒，碍健康

单一水果减肥方法有很多种，香蕉、葡萄柚、苹果……这是最简单容易入手的方式。我自己试过“苹果减肥法”，方法是3天内，饿了只吃苹果、喝开水，其他食物都不碰，3天过后，便可以恢复正常饮食。

第一次尝试苹果减肥法时，才14岁。记得刚开始执行的第1天，我在早餐时只吃了一个苹果，当时觉得蛮清爽的，也不觉得饿，可能是我早餐本来就吃得不多的关系吧！但到了中午，我的身体开始受不了，只吃苹果根本不会饱。到了晚上，我已经饥饿得呈现发怒的状况，一回家就立刻吃掉一个大面包。

第一次尝试失败后，隔了一阵子，我再接再厉又试了一次，这次成功撑过3天。在这3天当中，只要肚子饿就啃苹果，一下子就饱了，但也很快就会饿，只好靠睡觉、看漫画书来转移注意力。3天过后，我成功瘦了2公斤，超级开心。但一恢复正常饮食后，没过多久，我又胖回原来的体重，只好再继续吃3天苹果餐减肥。就这样反反复复好几年，每当体重出现“紧绷”情况时，我就开始吃苹果餐。

最高纪录是曾经一天吃掉5个超大的富士苹果，虽然吃得饱，但也饿得很快。吃到后来，只要看到苹果就觉得恶心，而且一整天处于晕眩、没精神的状态，看到什么都很想吞下去，满脑子想的都是鲜嫩多汁的炸鸡排、香甜的巧克力，

根本无法专心做其他事。有一次同学们集体订珍珠奶茶，问我要不要喝，当时我吃苹果餐已经吃到“味如嚼蜡”，所以放任自己找借口，想说“珍珠奶茶是饮料，不算食物，应该没关系”，忍不住跟着买了一杯。结果一喝马上破功，体重立刻飙回来！

每次一到用餐时间，同学们都正常吃饭，只有我一人在啃苹果，迅速成为校园里的怪咖。当时有个男生喜欢我，向我告白，我因为盲目减肥，毫不客气地嫌他很胖，希望吓退他。没想到他很有毅力，参考我的方法，连续吃了一个月苹果，但他搭配清淡饮食和运动，瘦了一大圈。他瘦身成功后，再度向我告白，还送了一只很大的酷企鹅玩具给我，可惜他实在不是我喜欢的类型，只好说对不起啦！十多年过去，这位男同学的身材都不曾再变胖，持续的清淡饮食加上运动习惯，让他的身材愈来愈精实，竟然成为苹果餐瘦身的受惠者。

反观我呢，断断续续吃苹果餐很多年，但因为懒得运动，总是忽胖忽瘦。后来我发现，苹果餐的用意应该近似排毒，而不是当作减肥的唯一手段。如果有心以苹果餐减肥，建议可以搭配清淡的食物，例如无糖麦片或谷类，让消化吸收减慢，从而维持更久的饱腹感，而且热量也不高，这样才有可能瘦得更健康。

Lose weight

柠檬水减肥，成效有限，易伤身

我不喜欢喝白开水，总觉得水里有一股说不上来的味道，从小到大都习惯喝带有酸味或甜味的饮料。高中时期，因为在美国留学的关系，我发现很多美国人的习惯是饭后畅饮可乐。我也学到这个习惯，经常把可乐当水喝，每一餐吃饭时，一定要配一瓶可乐或者市售的含糖柠檬茶饮料。而且我不喜欢喝低热量的，一定要喝正常的可乐和柠檬茶。我觉得酸酸甜甜的口感特别好喝，每天三餐前一定要喝一瓶开胃，餐后再喝一瓶解腻。就这样喝了好几年，什么糖分、热量爆表的问题，仗着年轻是本钱，我完全不在乎！

直到回台湾后，有一次得知一位在美国的高中女同学几乎每天喝将近 1 升的可乐，她才 20 岁出头就得了糖尿病！后来又听说我爸公司的员工也因为嗜喝可乐，正值壮年便罹患糖尿病。有了身边亲友的案例，我吓得从此之后不敢再餐餐喝可乐或含糖饮料了。可乐热量不低，一罐红色正常版的可乐所含热量将近 800 千焦，接近一碗饭的热量，一天喝 3 瓶以上，热量相当惊人！难怪我一直瘦不下来。

但不爱白开水，又不能喝含糖饮料，那么喝什么呢？我想起以前在美国求学住在监护人家中时，每天早上都会喝一大杯蜂蜜柠檬水增强免疫力，所以美国的冬天天气虽然很冷，但我几乎很少感冒生病。

LEMON WATER

有段时间，我在网络上查到一个消息，听说很多演艺圈的女明星用柠檬水减肥，美国歌手碧昂丝和韩国演员宋慧乔好像都是爱好者。网络上也有不少网友分享经验，说柠檬水富含维生素C，可以排除体内脂肪，瘦身又美容，但是要喝无糖的才不会有热量的负担。

看了一些网络方法后，有段时间我很积极地狂喝无糖柠檬水，而且是一起床空腹就喝，出门也带着喝，每天超过2升。妹妹当时也想减肥，傻乎乎地跟着我一起喝，但因为她的胃不好，空腹喝柠檬水导致胃疼发作，后来改成先吃点儿东西垫胃再喝，症状就改善很多。

我后来发现，单靠柠檬水减肥，成效也有限，而且如果喝的方式不对，不仅会造成胃疼、胃溃疡，也会侵蚀牙齿琅质。比较好的方式是要搭配运动以及控制饮食，这样才有效果。不然餐餐牛排、炸鸡，就算再怎么狂喝柠檬水，也很难瘦啊！而且尽可能不要大口大口灌柠檬水，而要用吸管喝，避免酸性成分直接侵蚀牙齿。

Lose weight

减肥药减肥，药性上瘾，真要命

我有个女性朋友，多年来一直是肉肉的、丰腴的体型，后来她去一家知名的减肥诊所接受“鸡尾酒”药物减肥法。当时她瘦得很快，体重一直往下掉。短短几个月内，她就从肉感身材瘦到不仅是“骨瘦如柴”，简是快要见骨了！但是我一点儿都不羡慕她，因为她的气色变得非常差，脸色从原本的红润变成蜡黄色，两颊也凹陷下去，原本圆润、福态的样子变得好像生病一样，没有生气，到后来甚至转为绿绿黑黑的面色，即使身体瘦了，但外貌非常不健康，感觉不到应该有的健康感。

有些人减肥减到极端，明明已经很瘦了，但还嫌不够，会一直要求再瘦。我这个女性朋友也是这样，她觉得只要吃药，不需运动、不用节食就可以瘦下来，实在太轻松了！所以只要一发胖，就赶快再回去看医生、吃减肥药，果然也能迅速再瘦下来。因为太方便，造成她吃药吃上瘾了！

有次聚会，我看到这位朋友随身带着一大袋的减肥药。她说，每一餐餐前都要吞 10 多颗又大又粗的药丸，可以抑制食欲，加速身体代谢，但是药量会随着时间愈加愈大，因为身体已经习惯原本的药量，为了加强效果，减肥药会从一开始的 10 多颗增加到后来的 40 多颗。天啊！每天叫我吞一颗综合维生素丸，我都觉得很痛苦了，何况是一天吃 40 多颗药丸！

DIET PILLS

我看朋友的脸色瘦得实在太难看，和她聊天不到 10 分钟，她却一直跑厕所。我猜想，她吃的药当中可能有利尿剂，那是会影响肾脏功能的。回家后上网查了一下，原来很多减肥药的成分会抑制食欲、降血脂、降血糖、利尿以及抑制甲状腺素分泌，常见的副作用有头晕、心悸、全身无力、精神亢奋等。难怪我朋友的气色会这么差。

后来，这位朋友瘦到连医生都看不下去，叫她不要再吃了。她一停药没多久，体重就反弹回来，而且比之前更胖。吃减肥药，让她的荷尔蒙分泌和新陈代谢错乱，身体已经无法正常运转了！真是得不偿失。

我觉得，减肥的方式有很多种，可以说吃药减肥是诸多方法当中最快速的手段之一，但也会很快再变胖。因为吃药只是暂时改变身体的内分泌、抑制食欲，只要一停药，身体的自我保护机制会让人变得更胖。而且，新闻报导常说不少人吃减肥药，导致器官衰竭，甚至丧命。这些都是身体负荷不了药物反应造成的。所以，靠吃减肥药减肥，真的是下下策！

Lose weight

巫婆汤减肥，误信偏方，损健康

高中时期，我有段时间对减肥很着迷，听到偏方都会去试试，但效果总是不显著。我曾经以为是体内的宿便太多，所以瘦不下来，于是试过酵素、纤体茶、减脂茶……原本想让排便更顺畅，结果却变成狂拉肚子、腹泻不止，最后只好停用，减肥一事再次不了了之。

有一次，我和同学相约逛台北五分埔，经过一个路边摊时，摊商向我们介绍一款“王菲的巫婆汤”，说王菲生完第一胎后就是喝这个迅速瘦身的。我一听眼睛一亮，心想生过小孩都可以消除产后肥胖、恢复纤细，我喝的话一定会变大瘦子！我们当场买了“巫婆汤”，还加购了摊商强力推荐的减脂酸梅、精力汤。当时天真地以为，同时喝瘦身效果更显著。

我和同学跃跃欲试，隔天立刻依照摊商的说明，早上喝A包，晚上喝B包。记得第一天喝后，我全身很不舒服，出现头昏、口干、发汗的现象，而且一直跑厕所拉肚子，整个人都快虚脱了。最可怕的是，我和朋友傍晚去逛大卖场，走着走着，我感到眼前发黑、全身无力、冒冷汗。不到2秒钟，我突然失去重心，整个人瞬间倒地，就像保龄球一样把卖场走道中间、高高码放的泡面塔撞落一地。

WITCH SOUP

昏迷了近一分钟才醒来的我吓坏了卖场里的人，当然也包括我自己。回家后立刻把那些东西丢掉，实在太恐怖了！和我一起买的同学则吃了减脂酸梅，她的症状是拉肚子，拉到无法控制自己。

我上网查了一下，王菲喝的巫婆汤是由蔬菜熬煮成的健康汤品，但我喝的巫婆汤是从路边摊买的，当中到底掺了哪些来路不明的中药偏方，根本就无从考究。当时妈妈给我钱去买衣服，结果我拿去买减肥偏方，一包还要500元，并不便宜。不但花钱，还差点儿赔上健康，现在回想起来，仍是心有余悸。

据说，王菲喝的巫婆汤自己在家里就可以做。用2到3个大西红柿和1整棵卷心菜，加上2个青椒、1小把芹菜以及2个洋葱，放到大锅中熬煮到所有的菜变软为止。在喝之前依自己的喜好添加盐、胡椒和香菜，一觉得饿就喝。因为食材全部是会产"气"的蔬菜，吃进去后肚子会胀，加上汤中的大量水分，很容易就饱了。但喝汤容易饱也容易饿，反而会让人在不是正餐的时间吃进去更多的东西，所以也不是个减肥的好方法。

Lose weight

瘦身霜，只图心安，难见效

走进任何一家大卖场、药妆店，都可以看到开架柜上有许多标榜以瘦身为诉求的减肥瘦身霜。以前年少不懂事，我只要看到“纤体”“紧肤”这类的字眼，眼睛马上发亮。因为价格普遍不高，举凡瘦身霜、紧实霜、纤体露、紧实油，几乎市面上买得到的瘦身产品我都试过。

以前我对于减肥这件事是个懒惰鬼，买了瘦身霜之后，虽然知道要配合按摩，功效会更好，但总是随便在身上涂抹几下，等皮肤吸收进去就不再搽了。有时会在涂抹之后，用保鲜膜包住，自以为可以提高吸收效果，但其实这样是有危险的，因为皮肤被包住不透气，很不舒服，尤其我是过敏性肤质，好几次皮肤都起了红红的小疹子，又疼又痒。

我曾经做过一件很疯狂的事，差点儿“毁容”！那时我偶尔会去健身房，但因为不爱动，所以是去安心的，总是在跑步机上走没几步，就跑去坐烤箱或蒸气室。记得有次进烤箱前，我自作聪明地在身上涂满了辣椒瘦身霜（那是在大卖场买的，红色的包装看起来非常火辣，挤出来的颜色是橘色的，感觉搽在身上就很热）。我想，全身搽满辣椒霜进烤箱，应该可以迅速飙汗、快速瘦身。

没想到，烤箱里的温度太高了，我竟然昏昏沉沉睡着了！睡了20分钟之后，我满身大汗地惊醒！妈呀！全身

SLIMMING CREAM

长出大片的红斑，而且刺疼得不得了，感觉我的表皮在燃烧，变成“剥皮辣椒”了。辣死我啦！我全身又红又肿，整整痛苦了一整个礼拜才渐渐康复。

更搞笑的是，除了身体红肿疼痛，我还在烤箱里敷脸，天真地以为热气可以帮助毛孔打开、排毒，没想到烤箱的高温让面膜的成分不到几分钟就干掉，还把原本皮肤的水分也一并带走，整个脸干燥得不得了，脱皮、红肿了好久才好。原本打着瘦身兼护肤的如意算盘，结果“偷鸡不成蚀把米”，从脸到全身都跟着遭殃。

我相信瘦身霜对某些人来说是有成效的，但单搽它减肥是绝对没有效果的。我曾经看过相关的新闻报导，连医生也说，瘦身霜当中通常添加有辣椒膏、薄荷等可以加速皮肤循环代谢的成分，会脱去皮肤细胞中的水分，让人感觉变紧实，但只是在表皮层，没有办法到达到脂肪层。

想变瘦的姐姐妹妹，千万不要高估了瘦身霜的功效，它只是减肥辅助品，一定要搭配运动或按摩才能见效。切记要选择检验合格、适合自己肌肤的产品，而且要勤快地搽，若只是在身上随便抹两下，是看不见功效的。

Lose weight

塑身衣瘦身，只是藏脂非甩脂

在大学时期的某个阶段，我好胖，胖到腰间像套着个游泳圈似的。听说塑身衣对减肥有效，便百般央求妈妈帮我订了一套台币约 2 万元的全套式塑身衣。原本销售员建议我一次买两套，可以轮流替换，还好当时只买了一套，因为穿起来太痛苦了！

本来我幻想的是，会像电影《傲慢与偏见》当中的女生一样拥有纤细的腰身，可以在众人面前炫耀。没想到事实与梦想相差太多了，我全身每天都被塑身衣勒得超紧，笑都笑不出来，简直是孙悟空被紧箍咒箍住一样，疼死我啦！

到底有多疼呢？首先，全套式塑身衣非常难以穿上，因为它的布料非常紧实，加上是连身款式，每次穿至少花 10 分钟，要一直扯扯拽拽，又要把肉推到正确的位置，简直是在绑木乃伊！

塑身衣的穿法是，要先把两只脚塞进裤管里，接着身体要稍微半蹲，再用力把很紧的塑身衣从下面往上拉。当拉到小腹部位时，停止呼吸，把小腹“塞进去”，然后一点一点拉上塑身衣。把前面的小腹塞好后，再用手把后面屁股上的肉往上拨进塑身衣里。每次我光是拉完下半身，就已经累得满身大汗了。

但是还没完呀！两边的胸部也要拨进塑身衣里，尤其是副乳，要从背部后方拚命地拨啊拨，想办法全部包起来。最后，看着已经像肉粽被包得紧紧的全身，还得看看哪个部位的松紧度不一样，再稍微调整一下。

等到终于穿好塑身衣之后，通常已经累得不想出门了。穿上以后，全身被紧紧勒住，非常不舒服，尤其是胃被绷得很痛，让人完全没有食欲，还不时会有想吐、晕眩的情况。

我当时穿了一个多月，几乎只要醒着就会穿，但每次穿上塑身衣时，因为很不舒服，我的心情就会变得非常不好。听说有些产妇生完小孩想穿塑身衣恢复体形，却很容易得忧郁症，我完全能理解为什么。

至于有没有效呢？当时我的确瘦了一点点，但那完全是因为勒得太紧吃不下饭造成的。穿上塑身衣会让体态更好看，但脱掉后还是一样，肉肉全部塌回原形。所以，除非你是个非常有毅力的人，否则我个人不推荐这种瘦身方法！

当时因为是自己开口要求买，所以硬着头皮非穿不可。在穿了一个多月后，那件 2 万元的塑身衣在我的衣柜中消失了……嗯，我完全不想把它找出来。

Lose weight

埋线减肥，短暂瘦身难持久

中医埋线是这几年很流行的瘦身方式之一，原理是根据针灸经络的方法，把医疗专用的羊肠线（很长的一条）埋进特定的穴位里面，通过持续刺激穴位来疏通气血，加速新陈代谢，抑制食欲，从而达到降低体重的功效。羊肠线会随着代谢而消失，不会留在身体里，是相对安全的一种减肥方式。

我第一次接受中医埋线是在四五年前。记得第一次埋线之后，不到一个礼拜，体重就掉了 1 公斤，身体也不会觉得特别不舒服。当时觉得："哇塞！超厉害。"于是乎，以后每次埋完线，我都有满不在乎的心态，自以为有一把不会发胖的防护伞罩着，就相约朋友吃麻辣香锅、熬夜唱 KTV、喝酒，完全不忌口地大吃大喝，然后还很得意地炫耀："我怎么吃都不会胖哦！"

埋线的减肥效果在短期内很明显，我不到 1 个月就瘦到理想体重，便没再去看中医。没想到过了没多久，因为作息不正常，没运动，又不忌口，体重全部反弹回来！后来，我陆陆续续又接受了几次中医埋线，但也没反省到自己的饮食、生活习惯要一起改变，总是一瘦下来就乱吃乱喝，变胖后又赶快再去埋线……反反复复，我的体重不减反增。几次下来才体会到埋线是"治标不治本"的方式，真正要减重，还是要持之以恒地控制饮食，加上运动，才是成功的

SUNKEN CORD

不二法则。

中医师通常会在病人肥肉较多、较难减肥的部分埋线。我曾经全身被扎了30多针！一向怕痛的我为了瘦下来，竟然什么都不怕！从副乳、手臂、后腰到大腿内侧、小腿肚、屁股等，中医师用很长的针将羊肠线埋进我的穴位里。现在回想起来，哎哟，当时我全身都是松松跨跨的脂肪啊！

今年以来，我开始运动逐步瘦身后，想要雕塑局部线条，决定再进行中医埋线。在把线埋到我身体中的瞬间，我感到好痛啊！原来我已经养成了运动习惯，身体的脂肪量减少，羊肠线扎进结实的肌肉里，就会感得刺痛。

我观察到，很多去做埋线的女生只有20岁左右，这个年纪的新陈代谢很快，就算不埋线，身体也可以很快把多余的热量代谢掉。而且不少人去了之后会吃得更多，简直就是一种“埋心安”的心态。我觉得埋线应该只能当成减肥的辅助方式之一。为了健康，瘦身还是要有正确的观念，并且配合正确的饮食及运动，才能扎扎实实瘦下来。

Lose weight

推脂按摩，没搭配运动，难消脂

很多女生都有下半身肥胖的烦恼，屁股、大小腿这些地方很容易堆积脂肪，我也不例外。听从朋友的建议，我几年前开始上推脂美容课程，美容师跟我说，推脂可以把长期囤积的脂肪推散，然后随着新陈代谢排掉。但不是一次就行，要通过好几十次的推、揉、拍、打、按摩等手法，把淤积的气血打通，慢慢地将深层的脂肪硬块组织打软，再随新陈代谢排出体外。

我发现，如果不做运动而只靠推脂的话，是不可能减肥的！虽然可以推散脂肪，但因为不运动，身体的基础代谢率会偏低，脂肪很容易再度堆积。而且啊，每次去推脂，推完后要用保鲜膜和电热毯包裹全身，流满全身的汗，效果才会更好。以前我因为不运动，每次包完出来后，全身的臭汗像极了尿味，可能要在篮球场打一整天的球才会有这种汗味，很可怕！也可见我全身有多少没排出来的毒素。

依照我自己的经验，建议推脂一定要搭配运动！当运动瘦身达到一定程度后，再通过推脂来进行局部塑型，让你更结实一点儿，流出来的汗也不会臭得吓人。推脂后，双腿肌肉会变得比较软，走路也比较轻盈。回家后，感觉皮肤比较光滑，似乎是把体内的毒素也排出来了。

PUSH FAT

推脂一般一次进行 30 ~ 45 分钟，因为需要用很大的力气去推散，每次我都一边做，一边疼得唉唉叫，有时还会疼到眼泪狂飙！推完之后全身更是青一块紫一块。有心想去做推脂的人，一定要有很大的忍疼毅力！

如果不想花钱到外面请人推脂，自己在家也可以做简单的 DIY 推脂。建议买一个约手掌大小的橡胶洗澡刷，然后买一罐排水油或好吸收的身体精油，将其涂在想要雕塑的部位。换上小短裤小背心后，就可以用橡胶刷努力地刷臀部、手臂、腹部。至于小腿和大腿，记得要由下往上推。刚开始推会有点儿疼，力气可以小一些，等到把脂肪推软了、推顺了，再稍微用点儿力，把脂肪推散。推完后，记得多喝点儿温开水，促进代谢。推脂要长期做才有效果，如果自己推会很累，可以请另一半帮忙，顺便增进感情。

市面上也有不少可以在家使用的“推脂按摩器”，原理是通过高频震动，让皮肤发热，可以消耗局部的皮下脂肪，并且减少或舒缓橘皮组织。有兴趣的读者可以买来试试，但最好搭配运动，才会看得到效果！

Lose weight

淀粉阻断法，代谢失衡，反成瘦身阻力

减肥不能碰淀粉？以前我听说淀粉含有大量的糖及热量，是东方人肥胖的主因。为了减肥，我试过不吃米饭，不吃面，不吃淀粉，只吃肉类、青菜等食物。一开始前几天，瘦了一点点，但肚子经常处于吃不饱的饥饿状态，会有头晕、低血糖等症状，并且心情很差，容易生气、烦躁。

时间一久，我变得随时随地都很想吃东西，只好改吃其他食物代替。虽然不吃淀粉，但吃进嘴里的其他东西的分量反而更多，而且因为肚子容易饿，进食的时间不正常，生理钟反而被打乱，没过多久变得更胖。

后来，我向医师咨询，得知淀粉吃进体内会转化为糖类，糖类是身体运转及内分泌机制的重要能量来源。如果少了糖分，身体会自动产生防御机制。为了不被饿死，愈不吃淀粉，身体就愈不消耗热量，然后储存脂肪，并且降低基础代谢率。等到恢复正常饮食后，就很可能快速变胖。

至于淀粉容易发胖的说法，可能是因为油、调味料、煎、炸提高了它的热量。例如土豆的热量不是很高，但如果做成奶油焗烤土豆，热量就爆表了。精制加工过的面包也是“地雷”级的淀粉食物，当中隐藏高油、高脂、高甜，这才是让人发胖的主因。还有啊，有的人怕胖，外出用餐时只敢喝汤，其实很多汤里都使用淀粉来勾芡，

STARCH

OCCLUSION

还有隐形的油脂、调味料在其中，反而陷阱重重。

我建议，平常可以多选择低GI（升糖指数，glycemic index）的淀粉食物，如地瓜、糙米饭、原味燕麦、全麦面包等。尽量选择原味食物，这样不仅可以提供给身体适当的营养及饱足感，还能缓慢地释放热量，帮助消耗脂肪。

最近还有一个新的淀粉类的食用观念，就是要选择抗性淀粉含量高的食物，如香蕉、地瓜、土豆、糙米、藜麦、豆类都是抗性淀粉含量高的食物。其中香蕉尽量选熟度较低的，地瓜以蒸煮的方式比较好。只要将每天所吃淀粉的5%～6%用抗性淀粉来替代，就能达到减肥的效果。

而且我发现，一整天的饮食当中，淀粉最好在早餐或中午吃，这样身体有一整天的时间可以消化。下午过后，人体的代谢会变慢，吃的东西就要逐渐减少。另外，在吃完淀粉类食物后，也要多吃蔬菜和水果，因为纤维素也可以让血糖上升的速度变慢，减少脂肪囤积。

别再怕淀粉了，它是我们瘦身的好朋友！

Lose weight

只吃青菜，脸色也菜

因为青菜的热量很低，我曾经试过单吃青菜吃到饱的日子，种类不限，但料理方式只能是清烫、水煮，或者吃生菜沙拉，而且不加任何调味料。那段减肥期间，简直是靠意志力苦撑！

吃青菜减肥的原理，跟只吃单一水果减肥相似，吃极低热量的食物，减少身体摄取的热量，即使吃了一大盘青菜，但热量却是超低的。不过，吃青菜减肥很容易感到肚子饿，即使吃得再多，还是不行。青菜虽然有丰富的纤维素，可以促进肠道蠕动，但因为一整天摄取的热量严重不足，反而会造成便秘。

如果你曾经和我有一样的经验，觉得蔬菜无味，让人想放弃减肥，或是吃完不久，肚子又饿了，想找东西吃，那么可以在料理蔬菜时做一些简单的处理。例如，可以在炒菜时加油！因为蔬菜中有丰富的油溶性维生素，例如维生素 A、D、E、K 等，它们都需要油脂才能释放。烫青菜虽然少了热量，却也流失不少维生素，降低了营养价值。

我建议，可以先用很少量的油爆香，然后放入蔬菜，再加一点点水清炒，然后盖上锅盖闷熟。这样不但可以炒出香气，也可以保留比较多的营养成分，而且清爽、不油腻。

EAT
VEGETABLES

有心减肥的人千万不要因为怕胖就不敢碰油，如果食用好的油，对身体其实好处多多。天然未精制的冷轧植物油就是我这几年来减肥的良伴，我特别推荐食用好的冷轧椰子油。

我查过资料，发现椰子油的营养成分非常丰富，当中的抗微生物活性成分能促进新陈代谢，还有很好的中链脂肪酸，能快速转化为能量，不容易转变为大脂肪分子囤积成为身体脂肪，不增加体内代谢的负担。好的椰子油有一股天然的椰香，可以吃，可以喝，还可以搽身体。通常我在炒四季豆、青菜时，会加一匙椰子油，早上有时打奶昔，混合椰子油一起饮用，会非常有饱足感。最近我运动完会喝蛋白饮料加椰子油，感觉更有精力。

减肥时，绝对不能只吃青菜，还要搭配其他均衡的饮食，才能让身体机能正常。有了好的体质，体重自然就可以慢慢降下来了。有关部门公布的每日饮食指南就建议大家每天的摄取量包括：全谷根茎 1.5 ~ 4 碗，豆鱼肉蛋类3 ~ 8份，水果类2 ~ 4份，蔬菜类3 ~ 5碟，油脂3 ~ 7茶匙，低脂乳品 1.5 ~ 2 杯，坚果 1 份。每份约相当于一个拳头大小。大家可以对照一下，看看自己吃得是否健康。

Lose weight

节食减肥，饿死自己，变胖也快

以前减肥时，我总是以为少吃才能瘦，所以拼命节食。有时饿得受不了，就去睡一两个小时，借着睡觉来减轻饥饿感，或是晚上干脆不吃晚餐，直接跑去睡觉，狠狠睡上 10 多个小时。但是我发现，睡得太多的时候，反而会头疼、头昏，而且醒来还是会继续饿，感觉更不舒服。

有时真的饿得受不了，我也曾一直嚼无糖口香糖，让嘴巴里有东西，抑制口腹之欲。有一次听朋友说，嚼口香糖会让咀嚼肌肥大，侧脸看起来变宽，于是我就改成含喉糖来降低饥饿感。

每次节食的最初一两周，我的体重都会往下滑，但之后就停滞住，不管吃得再少，也很难减轻。后来我才知道，减肥采用比较激烈的方法，例如节食或服用强烈的减肥药，虽然初期会瘦得快，但由于身体会产生抗性，所以之后一定会再变胖，甚至会比原来更胖，变成“顽固型肥胖”体质，愈来愈难瘦。如果体重一直来回摇摆，则有害身体健康，而且会增加罹患心脏病和中风的风险。

以前节食的时候常听人家说，早餐很重要，一定要吃。当时不太懂为什么，明明早晨起床经常没胃口，而且我甚至觉得：“既然吃不下，为什么要逼自己硬塞入口？多吃一餐不仅增加热量，还会变胖。”前阵子我去了一

DIETING

趟美国，回中国台湾后，因为时差还没调回来，我经常 6 点多就自动起床，于是决定尝试开始吃早餐。

我吃了 10 天早餐之后，出乎意料的是，身体瘦得超快，比节食的效果还好，原本节食会便秘的情况也改善很多，我的腰部线条变得匀称，体脂率也明显降低，最重要的是一整天精神状态都很好！

从那之后，我就坚持早睡早起，早上起床后吃一顿营养早餐。通常是一片全麦吐司、一个水煮蛋、两片卤牛肉、一些烫青菜或生菜。我自己还有一套“降脂四巴掌”的吃法，这是专业医师的建议，每一餐摄取动物性蛋白质、植物性蛋白质、淀粉、蔬菜水果各是一巴掌大小，很容易记。这样不仅餐餐分量充足、吃得饱，也能获得均衡的营养。

对比从小到大错误的减肥经验，我认识到：吃对东西，可以提高新陈代谢能力，提供给身体细胞有效的能量，帮助脂肪燃烧，比起这个不吃、那个怕胖的节食方式，更有成效，也更容易持久。

第 3 章

燃脂精瘦美人操，瘦到刚刚好

不要再当“瘦胖子”

健美又苗条的身材，是很多人追求的目标，但是你知道吗？减肥不等于减重！尤其很多人（特别是不爱运动的女生）经常在减肥，以为减掉公斤数字，身材看起来就会变瘦。其实不然，如果单单减掉体重，却没有配合饮食和运动，体脂率并不会降下来，看上去的体态还是脱离不了“肉感”！

以前我不懂这个道理，总是傻傻地追求体重数字往下降，最常采用的方法就是饿肚子瘦身。后来我才知道，节食越厉害，细胞代谢率就会变得越慢，能量消耗得就越少，到后来即使每天只吃一点点东西，体重也很难掉下来，因为此时身体的基础代谢率已经变得很慢，体内脂肪无法迅速有效地燃烧。

我直到开始接触运动以后才知道 1 公斤的肌肉和 1 公斤的脂肪看起来的密度差别很大。所以要除脂、减肥，必须靠提升身体的代谢率，才能燃烧体内多余的脂肪。肌肉群被训练到，每块肌肉都能燃烧的热量才会比你囤积的脂肪多。

很多女生都不喜欢运动，我也不例外。我以前总觉得运动会让人满头大汗，全身黏黏乎乎的；女生应该瘦瘦白白，身体干爽、香香的，才是漂亮。与其站上跑步机，我宁可吃掉一个8寸的大蛋糕，就算变胖也不想动！但可能年纪渐长，我会开始考虑未来，想要结婚、怀孕生宝宝。听说爱运动的女生生产比较快、顺利，也有足够的体力带小孩……总之，种种因素和动机让我决定开始通过运动获得健康的身体，而不再只是一味地追求瘦巴巴。

以前为了快速追求纤瘦的体型，我不断寻找快捷方式瘦身，最好是让中医师埋个线，明天就能减掉2公斤。但后来我发现，减肥不可能一劳永逸，就算做到，也可能会赔上健康，让身体机能变差，也很容易再度变胖。现在我转变了想法，通过持续性的运动来减重，这才是持久的瘦身之道。

我现在觉得很开心，虽然不是激瘦型的骨感美人，但健康状况却保持在很好的状态。通过运动，身体变得结实，不容易生病。每次去健身房运动完后，汗水淋漓，感觉全身都在排毒，非常舒服。回到家清洗运动服，更有一种踏实的心安感！

人们看女生的标准，还是着重于体重数字的大小，导致女生容易盲目地为瘦身而付出健康代价。但是，每个人天生的骨架、体型都已定型，有些人不管再怎么减也不可能瘦成“纸片人”。通过这本书，我想对大家说：“把家中的体重计丢掉，别再陷入公斤数的迷思了！”赶快通过运动，一起变成精实健康、身型紧致的“精瘦美人”吧！

好女孩不流泪，一起来流汗

PERSPIRATION

10 OZ

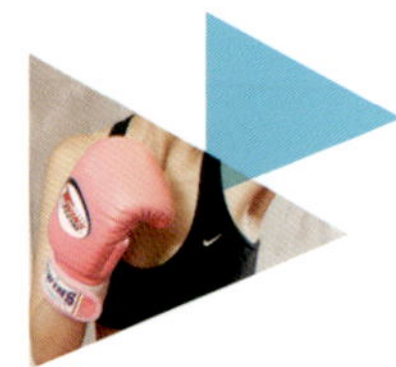

BOXING

很多女生在心情不好时的发泄方式是大哭一场。以前我心情不好时会逼自己看剧情很可怜的爱情电影，随着剧情的起伏哭出来宣泄。但我的哭点很低，看到电视新闻中感人、温馨的画面，都会忍不住落泪，尤其是看到流浪动物的新闻，爱动物如痴的我常常会难过上好几天。

但自从开始运动之后，我发现可以把愤怒、低落的情绪转移到运动训练上。我喜欢举重、打拳，把负面情绪通过身体的力量一次发泄掉，大汗淋漓比流泪更能有效地转移情绪。专家说，运动会释放让大脑迅速感到愉快的内啡肽，真的一点儿都没错。

我和家人同住在一个屋檐下，有时难免会被爸妈“碎碎念”。每当我被念到心情烦躁时，就会赶快“逃离”，跑去运动或上拳击课程。我把力气集中在靶子、沙包上，等到健身结束后，原本很生气的情绪也就消失了，回家之后就没事了，可以继续和家人说说笑笑。有时候和朋友意见不合吵架时，我也会提醒自己赶快去运动，就能够转变心情，重新再出发，不会有“隔夜仇”。

运动也带给我很多生活启发，可以让我更了解自己，让人生更加振作。以前我会为了一点儿小事不开心，觉得天快塌下来了，搞得自己压力好大，自律神经失调。但开始养成运动习惯后，我会比较正面地思考问题，不论是做事还是运动，不需要把事情想得很困难、很严重，只要把目标设在比自己能力所及的水平再高一点点，达到之后就会很开心，然后再设立下一个目标、再努力去达成，这样会觉得自己每天都在进步。

运动除了让我更积极之外，也让我在生活中多了很多感动和满足，比如看一场演唱会、和朋友吃顿饭，都会让我觉得“小确幸”。我上网查了资料，原来运动能促进血液循环，增加体内多巴胺的分泌，帮助人正面思考并提高专注力。真的很棒！

ENDORPHIN

运动

是一种精神，
是一种毅力

SPORTS

很多人在运动上会遇到“撞墙期”，容易因此放弃，我当然也不例外，每次运动都想要放弃啊！这时候怎么办呢？方法只有一个，就是坚持做下去，不要想太多！

为了保持毅力继续运动，我采取了“可视化管理”方法。例如，看到杂志上体态很好的女生时，就把那一页撕下来，贴在房间的墙上。我的计算机、手机里也有很多身材精实的女生的照片及MV，随时用来激励自己。名模吉赛儿可以保有这种魔鬼身材，超厉害，我在反复播放视频的同时也督促自己：她可以，我也可以！

运动中容易产生惰性。有时我站上跑步机，感觉已跑了一世纪这么久的时间，没想到一看定时器，竟然才跑了5分钟，天啊！这时候就非常需要鼓励自己。我的手机里有一张国外女模在跑步途中弯下腰绑鞋带的照片，上面写着一句英文“Even a bad run is better than no run”。真的一点儿都没错，跑得很差劲又怎样？好过没跑！

Even a bad run is better than no run.

如果还是没有坚持运动的毅力，建议可以寻求专业教练的指导。有了专业指导，不仅可以督促自己养成固定运动的习惯，更可以维持正确的运动姿势，避免运动伤害。

有些人为了省钱，在健身房中胡乱做重量训练，其实是很危险的。每当我运动到上气不接下气时，教练总是会带着笑容鼓励我：“你可以的！再来两个！”这一类的精神激励，可以让我每次的运动量都比前一次再稍微增加一些。

此外，找身边的亲朋好友一起运动，也是增强毅力的好方法。我妹妹为了结婚而积极瘦身，她和老公这一年来跟着我一起运动。妹夫超厉害，短短几个月就瘦了 10 多公斤，体型也变得相当结实。由此可见，瘦身的动机越强烈，越能够持久和成功！

动力
的来源要靠自己
挖掘
POWER

以前我是“弱肌”体质，做个热身动作，不到2分钟就会喊累、受不了。走路更是如龟速般缓慢，没走几步路就气喘吁吁，沉重的步伐只比年长的老阿婆快一点点。跟朋友一起走路时总是被嘲笑：“我们走一步退两步，都比你快！”

为了激励我多走路、多运动，前年弟弟参加101大楼登高大赛时，顺便帮我报了名。因为已经交了报名费，我只好硬着头皮去。妈啊！爬楼梯真的是考验意志力的活动，每踏出一步，都有一种心脏要跳出来的感觉！当我爬到七十几楼时，简直快断气了，再也顾不得形象，整个人瘫软地躺在补给站前，脸上尽是痛苦的表情。

身体太差，也是我开始运动的主因之一。以前我不爱走路、讨厌流汗，总是大病小病不断，只要一变天，必定感冒、咳嗽。中医师说我体质虚弱，但身体燥热，

因此夏天怕炎热，秋冬怕寒，手脚又容易冰冷，即便睡了很久也始终睡不够，身体经常处于疲累状态。通过运动，这些“纠缠”身体多年的难搞症状全都明显地改善了。现在的我每天都神采奕奕、有活力，身体也不再怕冷怕热，尤其在秋冬换季时，看到满街穿着厚外套的人，我却可以只穿着薄长袖，也不再容易生病。

我目前保持每周 2 到 3 次运动的习惯，虽然隔天经常这边酸、那边疼，但心里却很暗爽，我知道身体的肌肉正在重整、复元，变得结实。英文中有句话叫“No pain, no gain”（没有伤痛就没有收获），不想运动的理由很多，但付出辛苦换来健康与良好的体态，绝对是值得的。

哦，对了，如果再参加登高大赛，我有信心可以全程爬完。有谁要跟我一起报名比赛吗？

你应该在乎的是
体脂率
FAT RATE

我已经把家里的体重计丢掉了！

我要大声呼吁：不要再迷信体重了！

亚洲人对于女生的审美观念仍然着重于体重数字，追求越低的数字成了王道。但我认为，每个人的骨架、体型都不一样，有些人不管再怎么减，也不可能瘦成“纸片人”，不应该用体重当作胖瘦的唯一标准！打个比方，一个身高180厘米的女生，体重如果是50多公斤的话，整体看起来已经很瘦，除非是生病，否则很难瘦到40多公斤。而且，即便是相同身高、体重的人，看起来也不一样。以前网络上流传过一则新闻，说连胜文和林书豪两人的身高、体重类似，但一个感觉比较壮硕，另一个却很精实，关键就在于体脂率！

体脂率指的是身体中脂肪所占的比率。同样是1公斤，脂肪的体积看起来比肌肉大。因此，对于同样体重的两个人，体脂率低的人看起来比较结实，体脂率高的人看起来就会比较臃肿。而且，当体内肌肉量比较高时，可以提升人体的基础代谢率，每天每1公斤肌肉可以消耗大约420千焦热量，但每1公斤脂肪只能消耗大约42千焦热量，相差大约10倍。有运动习惯的人的肌肉量比较高，偶尔大吃一餐也不容易发胖，因为身体可以比较快地消耗掉热量，但不常运动、体脂率较高的人却常嚷嚷着“喝水也会胖”，就是因为代谢率较差。

我以前很在乎体重、BMI值，直到开始运动和调整饮食结构后才知道体脂率的重要性。一般来说，男生的体脂率要低于25%、女生低于30%才算健康。我目前的体脂率大约是25%，目标是降到22%，让手臂的脂肪消失，最好不需用力就可以隐约看到手臂上的肌肉线条。我不追求六块腹肌的魔鬼身材，但希望拥有紧致的小腹，要练出肚脐两边“川”字形的肌肉线条，这样穿比基尼一定会非常好看。我会努力的！

有心变瘦的人不要再为了少1公斤、多1公斤而斤斤计较，应该为少了0.5公斤的脂肪而开心，而不是早上起床或排便后瞬间少了2公斤而自我感觉良好。减掉脂肪的方法就是运动、吃对食物、睡得好，可以瘦得健康，又不容易反复变胖。靠节食、吃药，只是暂时减少身体的水分，非常容易再度变胖。所以，如果你现在还在注意体重计上的数字，麻烦你把体重计丢掉吧！

腹式
呼吸法
BREATHING

ORIRO

腹式呼吸法能够让身体吸入大量氧气，可以把肺部的废气排出去，增加血液中的含氧量，并促进脂肪的消耗。腹式呼吸的正确方法是，要用鼻子吸气，用嘴巴呼气。我一开始练习时习惯性地用嘴巴吸气、呼气，喉咙会变得很干，气也没办法一次吸得很足。经过多次练习，才渐入佳境。

正确的腹式呼吸法应该是：用鼻子深沉、缓慢地吸气，感受空气慢慢地由喉咙经过胸部，最后往下沉入腹部，肚子应该会慢慢地膨胀起来；等到肚子变得硬硬的时，再用嘴巴慢慢把气吐掉。

腹式呼吸随时都可以练习，而且在运动时采用腹式呼吸法，一呼一吸的节奏与运动动作互相搭配，会让力气更稳定，横膈膜及内脏肌肉群也可以被训练到。我在练拳或进行重量训练时，教练都会要求我采用腹式呼吸法。气对了，动作就浑然天成。

腹式呼吸法不仅让运动节奏更顺畅，而且我发现腹式呼吸法能让我更有耐性和专注。以前我是急性子，坐在椅子上时会坐不住，习惯性地动来动去，尤其乘长途飞机时总是很容易焦虑。但开始执行腹式呼吸法后，我现在可以在十几个小时的飞行途中乖乖地坐在位子上优雅地看书。家人和朋友也说我比较有定力，个性变得温和多了。

很多现代人因为压力大，存在自律神经失调的问题。腹式呼吸法也可以帮助放松神经，通过缓慢且深长的呼吸方式，放松过度紧绷的身体与心灵。腹式呼吸法随时随地都可以做，不妨现在就一起试试，慢慢地用鼻子吸气、用嘴巴吐气吧！

饮食控制

DIET

我的健身教练说，瘦身要成功，运动占了三成比例，剩下七成要靠饮食控制及良好的睡眠。在饮食方面，三餐要定时定量，最好少油、少盐，少吃加工品，也要留意均衡的营养。每餐最好都吃到淀粉（碳水化合物）、动物性蛋白质（例如肉类、牛奶、蛋类）、植物性蛋白质（例如豆浆、豆腐）、蔬菜水果（提供纤维素及天然矿物质），每种营养的分量各是一个巴掌大小，总共 4 个“巴掌”。这样可以吃到全方位的营养，又有饱足感。我还为它取了一个名字，叫“降脂四巴掌”，提醒自己每一餐都要用这个标准检查一下。

除了注重营养均衡外，最近一两年来，我也尽可能吃有机食物。原本我以为“有机”就是吃冰冷的生菜、单调的素食，直到前几年逛了一家美国的有机超市“Whole Foods Market”，从此改变了我对有机食物的刻板印象。这家店里出售的所有商品，从蔬果到鱼、肉、面包、熟食、调味料等，全部是有机的，不仅选择多，还兼顾了健康及新鲜、美味。

我对这家店的标语“We believe you have the right to know what's in your food”非常认同，其中文意思是“任何人都有权利知道自己吃的东西来自哪里”。开始吃有机食物之后，我很重视食材的来源，也学会了看成分说明。

We believe you have the right to know what's in your food.

例如，尽量吃不含人工添加剂的食物，掌握简单的原则就能避免吃进太多的垃圾食品。

那么，控制饮食，可以吃零食吗？我的健身教练说："可以，但不可吃太多。"如果有规律地做运动，平日饮食控制正常，就可以偶尔放纵一下，每周吃一次甜点或零食。拥有好心情，也有助于提高减重的成效！

另外，在运动过程中，肌肉纤维会被破坏掉，所以通常在进行重量训练后 30 ~ 90 分钟内，最好赶快补充适量的蛋白质，以防止肌肉的消耗和分解，同时也能缓解酸疼感，并且帮助肌肉重组。因为运动后不方便烹调蛋白质食物，所以很多人选择高蛋白或乳清蛋白饮料来补充蛋白质。我则会在高蛋白饮料中加入其他蔬菜、水果，一起打成不同口感的奶昔，喝起来既健康又很有饱足感。

在选购上，因为乳清蛋白饮料多数是从国外进口的，如果是以牛奶为原料加工制造的，则要留意国外的奶牛可能会因为吃的牧草被污染，体内残留重金属，所以最好选择天然有机的高蛋白饮料或植物性成分的。喝的分量不宜太多，要依照产品包装上的说明来喝，千万要避免超量，以免增加肾脏的负担。

骑行运动，
一路骑也要一路瘦
CYCLING

对于经常坐办公室、运动量不大的都市女生来说，我觉得骑自行车是很方便的运动之一，可以选择自己喜欢的速度，一边骑一边看风景。平常在台北市区，我会以家中的轻便“袋鼠车”或 U-Bike 代步。休假时，有时会和朋友一起到河滨轻松夜骑，晚上空气舒服，人也比较少，一路从台北市骑到淡水，欣赏美好的夜景，获得身心的放松。

有次骑行的经历印象深刻。骑车的前一天，我在健身房做重量训练，练到全身酸疼，脚上仿佛绑了千斤重的石头，连走路都困难。但朋友相约骑行，很难拒绝，我便忍着酸疼，和一群朋友从台北市骑到淡水老街吃吃喝喝，来回骑了七八个小时之久。因为骑行时间太长，不仅疼得双腿合不拢，连屁股都酸疼得好像要裂开似的，第二天几乎无法下床，吓得我赶紧换了一个舒适的自行车座垫。

相对于河滨的惬意，我不喜欢骑车上山。有个朋友相约骑行，但他事前没告知我要骑山路，直到开始爬坡时，我越骑越吃力，还被黑蚊猛叮，根本无法专注于骑车。骑在前头的朋友却一脸轻松，还频频回头问我：“你行吗？”简直快要气死我了。快到达山顶时，有条黄黄绿绿的线虫突然从树上“唰”的一声掉到我面前，体力与精力已经到了极限的我再也忍不住了，被吓得放声大哭。我顾不得形象，立刻跳下自行车，把车丢在路边，用最快的速度冲下坡。自那次之后，我就再也不想骑车上山了。即使以我现在的体力应付爬坡应该绰绰有余，但骑车一定要保持心情愉快啊！

華
1914
山
Trio café
GIANT
RAPID

一次消除脂肪的
燃脂运动

FAT BURNING SPORTS

BEAUTY
PARADE!

顾名思义，“燃脂运动”指的是燃烧脂肪的运动。我的健身教练马克老师说，燃脂运动有几个必要条件：一是在运动过程中，心跳要达到每分钟 140 次以上；二是运动要持续 40 分钟以上，每周最好运动 3 ~ 5 次；三是必须是可以训练到大肌肉群的有氧运动，例如跑步、踏步机、游泳、健身操等。如果希望更快地减少脂肪，可以做高强度的间歇训练（high intensity interval training，HIIT），让运动的频率和强度更高。

我一开始运动，先接触到 Kickboxing（踢拳运动），后来再加入重量训练以及有氧的燃脂运动。健身教练说，重量训练是为了练肌肉，要想瘦得漂亮、健康，还要再搭配有氧的燃脂运动，消脂并加强心肺功能，双管齐下，才是正确的减重方式。

而且，通过大量的燃脂运动，可以燃烧身体的脂肪，增加肌肉量，并且提高身体的基础代谢率。基础代谢率高，身体就能够更快地把脂肪燃烧掉，培养出全身变瘦的体质。

谁都可以做得来的
重量训练
BREATHING

在减重的过程当中，最好同时做有氧运动，再搭配重量训练。前者可以提高心肺功能，帮助脂肪燃烧，减轻体重；后者虽不能让体重瞬间下降，却可以锻炼出苗条和结实的身体。但第一次听到健身教练要我做重量训练时，和很多女生的想法一样，我觉得很可怕，担心自己做不了。实际接触后，发现原来重量训练并没有想象中的难。从简单的仰卧起坐、伏地挺身、举水瓶，到难度较高的举哑铃、重量训练机等，都算是重量训练的内容，可以依照个人的体质和能力，逐步加强练习。

在没做重量训练前，我还有一个疑惑，很怕变成浑身都是肌肉的“金刚芭比”。经过教练说明才知道，女生的生理构造与男生不同，想要练出肌肉，比男生的难度高上20倍。男生可能连续进行重量训练两个月，肌肉线条就出来了，而女生就算勤练一年，不管是多密集的训练，都不见得能练出线条，所以女生们不要再有顾虑啦!

刚开始做重量训练时，浑身无力，连很轻的小哑铃都无法单手举起来。教练每次增加重量时，我就会大喊：“不可能！不可能！”还没开始做就给自己设限，一直跟教练讨价还价。我的教练马克老师总是鼓励我说：“你不试怎么知道自己不行？”经过反复练习后，每次他都会帮我逐步增加重量，现在我已经可以单手举起4公斤，脚部力气更可以负重40公斤之多，很有成就感！通过重量训练，我看事情的角度变得更正面了。我领悟到：做事不要怕失败，大不了再重新来过就好了；但如果不去试，怎么知道自己的极限在哪里呢?

我觉得做重量训练很累，每次都在挑战自我，而且做完后，隔天一定会酸疼。那是因为肌肉纤维在重量训练的过程中被破坏掉，所以会缺血、痉挛、酸疼。这是正常现象，代表肌肉纤维要开始修复了。修复会促进肌肉组织再生，并增加肌肉的耐力，所以下次做相同内容的重量训练时，就不会觉得像上次一样吃力了。但是要记住，做完重量训练后千万不能泡热水澡，否则不但得不到舒缓，还可能发炎。正确的做法是用冰敷或使用凉爽的喷剂。我也会搽纯天然的精油按摩，帮助酸疼处的肌肉放松。

正确的重量训练不会让身材立刻变瘦，更不会马上看到结实的效果，但每做一次就离健康更近一步了。所以不要求重，而是要使对力，老老实实地把姿势做正确，再慢慢加重，才不会伤到膝盖、韧带和腰，以免得不偿失。初入门的重量训练者最好还是请专业的教练从旁指导，才不会造成运动伤害。我常常在健身房中看到有些人自己乱做一通，这其实是很危险的。

健身指导老师 **马克教练**

拥有 AFAA 国际健身证照。本身从 57 公斤的“瘦皮猴”练成精壮的六块腹肌猛男，他认为健身的最终目的是为了健康，外在的改变只是附加的，最大的成就是让学生快乐地享受健身！

不上健身房，在家也能练出
窈窕曲线

狠甩大腿的陈年脂肪

训练臀大肌、肱四头肌、腿后腱肌群

每个训练以 8 ~ 12 次为一组，建议一次做 4 ~ 6 组。

1 双手轻松地平放于大腿两侧，保持放松。

2 双脚打开，与肩同宽。

3 双手平举，与地面平行，手臂需伸直。

4 在吸气的同时慢慢往下蹲，大腿要保持与地面平行。

5 慢慢吐气起身，再重复上述动作。

NG
错误动作

脚底应该贴紧地板，脚后跟不能抬起来，膝盖也不可超过脚尖，大腿应与地面平行。

告别西洋梨身材

训练臀大肌、肱四头肌、腿后腱肌群

每个训练以8～12次为一组，建议一次做4～6组。

1 利用水瓶或其他简单的重物，双手轻松握住，处于预备状态。

2 左脚往前跨出一步，约2.5个脚掌的距离。把身体的重量分散到大腿；身体重心不可往前，也不要往后，要保持在中间点。

3　吸气，身体平直往下移动，留意左腿膝盖不可超过脚尖，右腿膝盖不能碰触地面，避免受伤。

4　慢慢吐气站起来，再反复做蹲起动作。

铲平小腹多余赘肉

训练腹部正面的核心肌群

每次 30 秒，慢慢延长时间，建议每次做 4 ~ 6 组。

1　准备椅子，双手轻松地放于大腿两侧，面对椅子，处于预备姿势。

2　左脚跨出，肘关节呈90度，上臂平行放于座椅上。需留意背部伸直，眼睛直视前方。

3 左腿往后伸出，与右腿平行。全身呈一条直线，不能弯曲，视个人体能保持数秒钟。

4 左腿往前跨，放松休息。左腿再往后伸直，重复以上动作。

练出迷人侧腰身

训练侧腰的核心肌群

建议一次做
4～6组。

1 双手轻松放于大腿两侧，身体侧面朝向椅子，处于预备姿势。

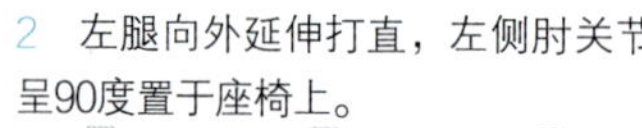

2 左腿向外延伸打直，左侧肘关节呈90度置于座椅上。

3　右腿向外伸直，与左腿贴合平行，右手叉腰，身体保持笔直，不可弯向前方。

4　回复到站姿，休息数秒后，重复上述动作。

打造纤细手臂线条

训练肱二头肌

此训练以8 ~ 12次为一组，建议每次做4 ~ 6组。

1 双手握哑铃，轻松置于大腿两侧，处于预备姿势。

2 双脚打开，与肩同宽。

3　右手举起哑铃，紧贴身体，停留数秒后慢慢放下。

4　换左手重复动作，留意肩膀保持平直状态。

NG
错误动作

做此动作时不可耸肩，手腕也要保持平直，不可以偏离、弯曲。

消除松垮蝴蝶袖

训练肱三头肌

此训练以 8 ~ 12 次为一组，建议每次做 4 ~ 6 组。

1　左手握住哑铃并置于体侧，处于预备姿势。

2　上半身慢慢往下，膝关节微弯。留意腰杆顶保持挺直，右手放于右腿上，双手放松，不可用力。

3　右侧手肘贴紧身体，手臂夹紧，慢慢将哑铃举起，眼睛平视前方。

4　左侧手臂慢慢往后伸直，手掌高度尽量比手肘关节、肩膀高。上半身要保持平直，不可弯腰。接着回到步骤1，换右手开始进行练习。

精雕诱人蜜桃臀

让臀部结实、变翘

此训练以 8 ~ 12 次为一组，建议每次做 4 ~ 6 组。

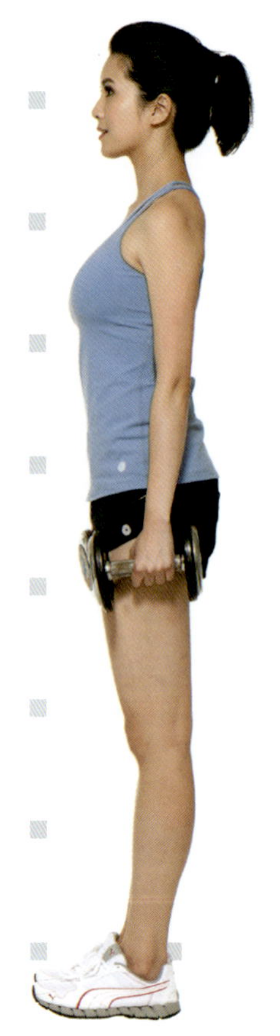

1 双手握住哑铃，轻松置于大腿两侧，处于预备姿势。

2 右脚往前跨一步，约2.5个脚掌距离，身体重心位于两脚中间。

3 上半身保持竖直，慢慢往下降低身体重心，手臂与地面垂直，留意膝盖不可以碰触地面。

4 回到步骤1，换左脚。

NG

错误动作

前方的右脚跟不可抬起来，膝盖也不可超过脚尖，身体不可以往前倾，背部也务必要挺直。

好莱坞明星最爱

TRX 悬吊运动

TOTAL BODY RESISTANCE EXERCISE

肱三头肌

这是 TRX 悬吊运动中最基本的训练动作之一。以不同的角度来进行高强度运动，会使肌肉受到刺激而更加结实。

蝴蝶袖拜拜

双手拉着吊绳，身体微微向前倾，努力做这个简单的动作，就能赶走蝴蝶袖。

TRX
的进击

背肌

延展后背部的动作，可以让肌肉纤维得到非常好的延伸，连深层的肌肉组织也可以受到刺激。通常做几分钟就可以感受到肌肉紧张，大汗淋漓。

臀

用自身的重量来进行训练，并且通过变换身体的角度来改变阻力，可以让臀部更紧实有力。

TRX 是“total body resistance exercise”的缩写，最早是设计给美军士兵在战地上练习，只要有一个勾子，将两条绳子悬挂起来，即使空间不大，也能够进行各种体能训练，非常方便。我家房间中就挂着一组 TRX，随时都可以进行体能训练，在国外时如果饭店中没有健身房，我也会带着 TRX，方便运动。

TRX 悬吊运动是利用身体重量作为阻力来做出各种不同的动作，依照个人的能力，从简单到超高难度的动作都可以做。不像其他运动器材是固定的，TRX 悬吊运动只有简单的两条绳子，所以需要靠身体的稳定性来支撑，比做其他运动更需要专注度。我最常做的 TRX 运动就是拉背动作，可以训练到背部的肌肉群。拉背动作看起来简单，但做起来很吃力。因为吊绳不是固定的，一开始我的重心不稳，总是无法做到位。经过反复训练，脚才变得比较有力，可以稳住身体，越做越好。

TRX 可以有无限多种变化动作，我看有些人可以把脚挂在绳子上面，做空中扶地挺身，简直是在挑战人体的极限，太厉害了。TRX 会训练到全身的肌肉群，可以达成平时不容易做到的动作，连深层的肌肉群也可以锻炼得到，想减重、塑身的人可以用它来强化肌力，燃烧脂肪，雕塑结实曲线，甚至连医疗单位都用 TRX 帮助患者进行肌力恢复、平衡感练习，在全球都很受欢迎。

TRX 悬吊运动，特别对核心肌群的训练很有帮助。核心肌群是位于腹部和下背部的下半身肌肉，我们做的每一个动作，如走、跳、跑、蹲下、弯腰、坐……几乎都要依靠核心肌群来平衡身体，并且支撑脊柱。所以多锻炼核心肌群，会增强体力，并且身体更结实。我长期以来有驼背的习惯，自从做了 TRX 后，我发现驼背的情况改善了许多；而且以前屁股超平坦，现在逐渐有屁股坚挺的感觉了。我的目标是有一天可以练到屁股又弹又翘，然后消除手臂的蝴蝶袖，最好还可以练出肚脐旁边的“马甲线”，那就太完美了！

轻松甩掉手臂赘肉

锻炼肱二头肌

此训练以8 ~ 12次为一组，建议每次做4 ~ 6组。

1 双手拉住TRX，让身体稍稍向后倾斜。

2 利用手臂力量将身体拉起，身体必须保持挺直状态。

3 回复到初始姿势，休息数秒后再重复以上动作。

下半身，一次瘦

让肱二头肌、臀大肌、肱四头肌、腿后腱肌群更结实

1 双手拉握TRX，身体稍稍后倾。倾斜角度可依自己的柔韧性及能力进行调整，身体愈倾斜，做起来愈吃力。

2　利用身体重量，在吸气的同时慢慢蹲下来，前脚掌需紧贴地面，大腿与地面平行。

3　慢慢吐气，将身体回复到挺直状态。

练出浑圆小翘臀

让臀部更紧实

1　双手轻松握住TRX把手，处于预备姿势。

2　左脚向前跨出一步，深深吸气，慢慢往下蹲，上半身需保持正直，左侧膝盖不可超过脚尖。

3　吐气，慢慢收回左脚。待数秒后，换右脚踏出，重复上述动作。

塑出紧实手臂线条

训练肱三头肌

1　手臂伸直，握住TRX把手，保持放松。

2　左脚往前跨一大步，约2.5个脚掌距离。

3　吸气，用肱三头肌的力量移动手肘，将肘关节弯曲90度左右，保持数秒。身体要保持平稳，腰杆挺直，不可以驼背。

4 慢慢吐气，手臂伸直、发力，停留数秒。女生做这个动作难度较大，可视个人体力调整停留时间。

5 手肘再次前弯90度，停留数秒。女生力气比较小，记得保持重心平稳，可以将身体的重量分散到两条腿上。

6 吐气，慢慢回复到预备姿势，再进行下一组动作。

女生也可以很有力，踢拳运动

KICKBOXING

过去我对于很多运动都无法坚持，例如不喜欢跑步，因为担心增加膝关节的负担；快走、划步机、踩阶梯对膝关节的负担虽然比较小，但动作很单调，我很快就失去了学习兴致……求学时期曾是排球队队员，所以对排球运动算是有兴趣的，但搜寻了一下住家附近可以打排球的场地，发现都是社区的阿公阿婆，让我提不起劲加入。

直到去年，有位朋友约我："试试 Kickboxing 吧！这是很好的全身有氧运动。"当时我根本不想打拳，便故意刁难朋友说，若是能找得到粉红色拳套，我就愿意去学打拳。没想到真的找到了！加上我已经胖得自己都受不了，再也没有理由拒绝朋友的好意，于是开始加入踢拳课程。

我原本以为 Kickboxing 是很残暴、适合男生的运动，实际开始练习后才发现它非常适合不懂武术的人，特别是女生！因为在踢拳运动当中，无论是手或脚部动作都会牵动到全身肌肉，大量使用到腰、腹、腿、手、背等处的肌肉，对于像我一样有下半身肥胖、蝴蝶袖困扰的女生，可以达到消脂的塑身效果。而且每一个动作都要配合腹式深呼吸，随着有规律、有节奏的深呼吸，进行出拳、踢腿、扭腰、提膝，全身的肌肉都锻炼得到，连深层的内脏肌肉也可以得到锻炼，促进新陈代谢、体内排毒，连便秘问题都能得到改善呢！

练习 Kickboxing 一定要寻求专业教练的指导，可以依照个人的体质，量身定制适合自己的课程，以免造成运动伤害。我很幸运地找到了一位既专业又有耐心的踢拳教练 Mondo，即便我是完全没运动基础的菜鸟，他还是很有耐心地从头慢慢教，带着我从热身开始，逐步进行分解动作训练、对抗练习。每次我打到全身瘫软无力时，他还是会带着笑容鼓励我："很棒！你可以的！再做两次！"他总是激励我再撑下去。而且 Mondo 教练设计的动作连纤弱的女生练习起来，都可以变得帅气有型，超有时尚感！

Kickboxing 很容易入门，只需要准备一副好的拳击手套就可以开始，穿着则没有太大的限制，轻便舒适就好。一开始要练习单一动作以及加强基础的体能训练，教练会戴上手靶协助练习。等到动作上手了，再练习与其他人对打。记得最初的几堂课，我完全掌握不到踢拳的诀窍，每次吸完一口气后就紧张得憋住气，急着把动作比划完，根本顾不了呼吸和力道，还有几处"拳打脚踢"造成的瘀青和破皮。经过不断练习，我越来越能够顺畅地做连续的组合动作，配合着深呼吸，发出"呵、呵、呵"的声音，让每一个动作都是有效的重力打击，非常过瘾。

我现在爱死踢拳了！可以集中全身的力气，通过动作瞬间爆发，觉得自己好 Man、好帅啊！再怎么郁闷的心情也会变得超好！踢拳的运动强度很大，往往在热身阶段我就已经满身大汗了。每次上完 1 小时的课程后，肯定是汗流浃背、气喘吁吁。

Mondo 教练说，训练踢拳 1 小时，可以消耗大约 2800 千焦热量，是高强度的运动，又可以增强肌肉强度、雕塑身型，还会帮助改善自律神经，提高柔韧度、灵活度。因为要想着如何出招，更能活化头脑，增强自卫防身的能力。练习踢拳的好处实在太多了！

不过要特别提醒，每次踢拳完，第一时间千万不能热敷，以免肌肉发炎，而要用冰敷或使用退热喷剂。而且隔天一定会感到身体酸疼，表示脂肪已被打散，肌肉正在重新进行修补。接下来就让我来分享简单却能让身材更匀称的 Kickboxing 运动吧！

直拳&勾拳

直拳与勾拳是踢拳的基本动作。直拳属于直线进攻拳法，是初学者最容易学的动作。直拳出拳的路线比较短，它可以快速有力地直接攻击对手，也可以在后退时出击，并同时保护自己。

勾拳的拳头则如同身体的探测雷达，可以近距离测试对手的反应，在很短的时间内用力出拳。我很喜欢打勾拳时的动作，不仅能锻炼手臂、肩膀的力道及线条，而且在出拳的瞬间感觉自己超帅气啊！

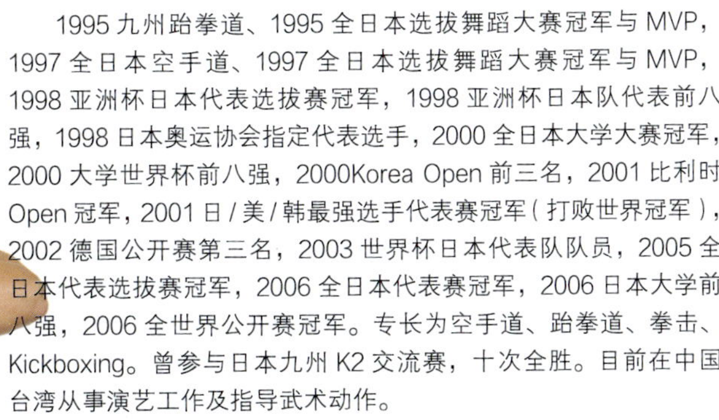

运动指导教练 **Mondo**

1995 九州跆拳道、1995 全日本选拔舞蹈大赛冠军与 MVP，1997 全日本空手道、1997 全日本选拔舞蹈大赛冠军与 MVP，1998 亚洲杯日本代表选拔赛冠军，1998 亚洲杯日本队代表前八强，1998 日本奥运协会指定代表选手，2000 全日本大学大赛冠军，2000 大学世界杯前八强，2000Korea Open 前三名，2001 比利时 Open 冠军，2001 日 / 美 / 韩最强选手代表赛冠军（打败世界冠军），2002 德国公开赛第三名，2003 世界杯日本代表队队员，2005 全日本代表选拔赛冠军，2006 全日本代表赛冠军，2006 日本大学前八强，2006 全世界公开赛冠军。专长为空手道、跆拳道、拳击、Kickboxing。曾参与日本九州 K2 交流赛，十次全胜。目前在中国台湾从事演艺工作及指导武术动作。

左直拳

正视图
FRONT VIEW

1　身体呈预备姿势。

2　脚施力往下踏，利用脚部下沉的反弹力量，集中全身力气用左拳向外打击。

侧视图
SIDE VIEW

TIPS

1. 手臂须伸直成一直线，左手须与地面保持平行，不能掉下来。
2. 出拳时，左拳会旋转，成为手心向下的动作。
3. 右手要保持在脸旁边。

右直拳

正视图 FRONT VIEW

侧视图 SIDE VIEW

1 身体呈预备姿势。

2 位于后方的右脚用力蹬地，利用反弹的作用力，顺势转动右边的腰部，带动肩膀和右手垂直出拳。

左勾拳

正视图 FRONT VIEW

侧视图 SIDE VIEW

1 身体呈预备姿势。

2 转动左边腰部，膝盖顺势向内转。用腰部力量带动上半身和肩膀，将左侧手肘向上勾起。击中目标时，左侧手臂须与身体成90度角。

右勾拳

正视图
FRONT VIEW

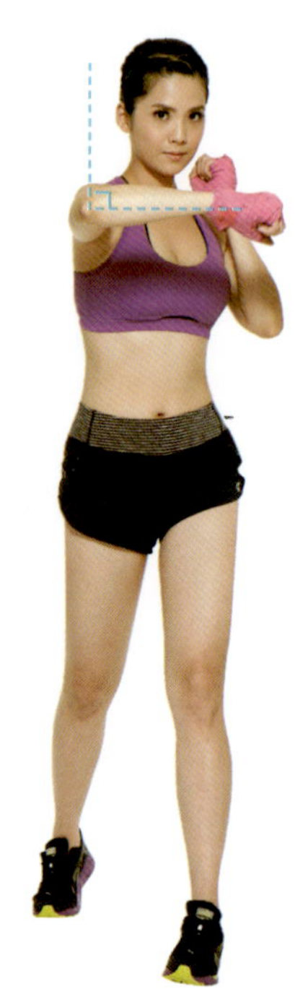

1 身体呈预备姿势。

2 将力气通过位于后方的右脚往下沉，待作用力连动腰部力量到达右边肩膀时，用力划大弧线，转动到上臂与肩垂直。右拳挥动的位置要超过鼻子（或者身体中线）。

侧视图
SIDE VIEW

TIPS

1. 上臂须与身体保持垂直。
2. 身体重心要保持在中间，才可以在攻击的同时也保护自己。

上勾拳

上勾拳是指手臂由下往上勾拳的动作，在与人对打时，会锻炼到全身肌肉，特别是肩膀、肱三头肌、后背肩胛肌、腹部、臀、大腿和小腿。想要让下腹肌与胯下交界处出现漂亮的人鱼线，可以加强上勾拳的练习。

1 身体呈预备姿势。

2 左侧膝关节伸直，臀部微微下蹲，利用左脚蹬地的反作用力，感觉膝关节稍微往上蹬起，连动左边腰部，引导左侧肱二头肌发力，将力量集中在左拳并由下往上迅速勾至下巴。

右手上勾拳

正视图 FRONT VIEW

1 身体呈预备姿势。

2 右脚稍微往后施力，通过反作用力撑起全身，连动右边腰部，右侧肱二头肌的力量瞬间爆发，通过右拳，由下往上快速勾拳。

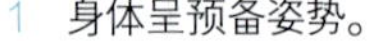

侧视图 SIDE VIEW

TIPS 出拳的力气有点儿像打保龄球时掷出球的那一瞬间。

踢

踢是下半身的基本攻击技巧之一，脚奋力前踢时，攻击力道很大。这个动作可以练到腰及大、小腿肌肉。在踢之前，身体要先微微向后倾斜一点儿，这样可以扩大攻击范围。

右脚前踢

1 保持身体重心在两脚中间，双手握拳，呈预备姿势。

2 右脚往后踢，接着抬起右腿，将膝盖抬到肚脐的高度后，脚往外踢。

TIPS 右手自然放下，右脚踢中目标。

侧左脚前踢

正视图
FRONT VIEW

1 身体保持挺直，重心稍微后倾，放在右脚后方，接着抬起左脚，用力向前踢。

2 左手顺势自然放下。回复到原来姿势，身体重心保持在两脚中间。

TIPS 侧左脚前踢不大需要带动腰部力量。

旋踢

这是踢拳当中非常重要的下半部动作，通过转动腰部及膝盖，将全身的力量爆发出来，然后通过小腿胫骨出力，向对手发起攻击。旋踢的弧线范围很大，虽然比用拳头攻击的速度慢，但是它的力道却非常大，可以锻炼到全身肌肉。

左脚旋踢

1 身体保持挺直，重心稍微后倾，放在右脚后方，接着抬起左脚，用力向前踢。

2 左手顺势自然放下。回复到原来姿势，身体重心保持在两脚中间。

TIPS 脚部踢出的弧度大，要连动更多左边腰部的转动力量，一样是用小腿胫骨处出力。

右脚旋踢

正视图
FRONT VIEW

1 保持身体重心在两脚中间，双手握拳，将右脚略微打开，与身体保持30～45度。

2 右脚往后踩地面，借助反弹的力量，快速抬起右腿膝盖。抬到肚脐的高度后，连动右边腰部力量，带动右脚划大圆弧向前踢，攻击目标。

侧视图
SIDE VIEW

TIPS

1. 踢的时候，要用大腿连接臀部的地方出力，再把力量集中到右侧的小腿胫骨处，向外踢中目标。

2. 右手不需用力，自然放下即可。

3. 旋踢与前踢的差别在于旋踢时身体的转动角度以及腰部的力量更大。

结合动作

（QUEIXADA）

结合动作（Queixada）的灵感来自于巴西战舞（Capoeira，卡波耶拉），将舞蹈动作赋予更强的力量与节奏，呈现出更有速度感的力与美。一开始务必先热身，接着将双手置于胸前及脸旁，这是基本的防御动作，可保护头部及胸部。结合动作可增进全身协调性，也是强化心肺功能的最佳有氧运动之一，适合追求体态匀称的女生！

正视图

FRONT VIEW

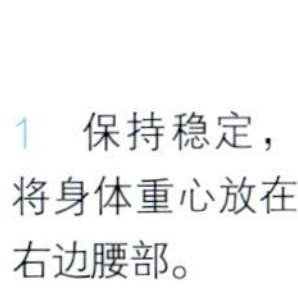

1　保持稳定，将身体重心放在右边腰部。

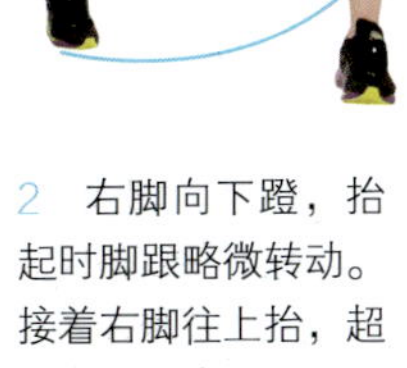

2　右脚向下蹬，抬起时脚跟略微转动。接着右脚往上抬，超过身体中线。

3　再从左边开始划大圆弧，用小腿胫骨力量用力踢出攻击目标。

4　右脚回到原位，身体重心回复到两脚中间。

Health

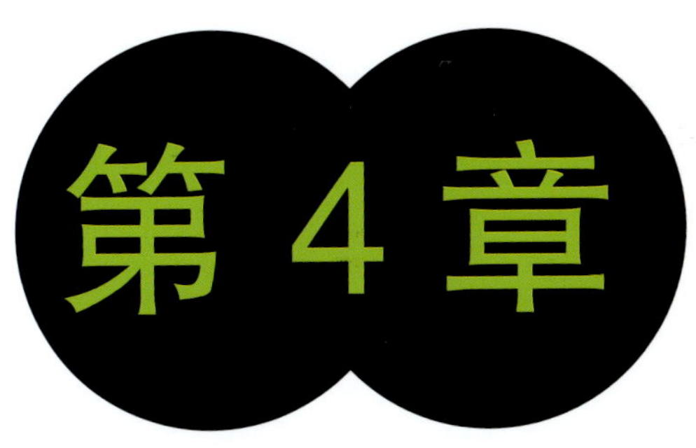

周靓 KEEP FIT 秘诀

不吃米饭也能饱：藜麦

Quinoa

我是嘴馋的金牛座，戒不掉美食，以前一直瘦不下来的最大原因之一，就是没有办法战胜自己的口腹之欲。所以我开始想，有什么健康的饮食方式可以减少热量的摄取，能有饱足感，还可促进新陈代谢？终于，我找到了一种很棒的食材——藜麦！

藜麦是这几年来欧美非常热门的健康谷类食品，连美国航空航天局（NASA）都说它是最适合给航天员食用的粮食之一。它的主要产地在南美洲，早在5000年前就是印加人的主食，营养价值很高，拥有完全的蛋白质，还富含氨基酸、抗氧化成分，可用来预防老化和降低血脂，重点是藜麦的热量很低，却非常有饱足感。这真是太神奇啦！

在有机产品店可以买到红、白及三色的藜麦，其外观很像圆圆的米粒，烹调方式和煮米一样。我现在几乎每餐都以藜麦代替米饭，当作主食，家人现在也跟着我一起吃。它的淀粉含量比大米少，也不会像吃完白米饭后容易血糖升高，让人昏昏欲睡，而且吃完身体没有负担，很清爽，可以保持好精神，也不容易饿，不会嘴馋想再吃东西。

藜麦可以当米煮来吃，也可以煮好加在色拉里面，做成甜的、咸的，都很方便。台湾有一种土生土长的"红藜"，和藜麦是很相近的谷类，也含有很高的营养成分，非常建议大家到超市里找找。

喝水喝到瘦：柠檬水

高中在美国留学期间，我养成了早晨起床就喝一杯温热的蜂蜜柠檬水来保健体质的习惯。美国人跟亚洲人的思维不太一样，美国人生小病时很少看医生，而是先想办法增强自身的免疫力，来抵抗病菌。以前我容易感冒，长期喝蜂蜜柠檬水后，体质就渐渐变得比较好。

这个早晨喝柠檬水的习惯，我持续了好几年。前阵子我开始改为不加蜂蜜，只喝柠檬水，如此可以减少身体摄取的热量，也更方便携带出门。平时我常携带的水壶一头有个榨汁器，可以直接榨取柠檬汁、莱姆汁。榨好后连皮带肉就直接留在水壶里，非常方便，又能保留柠檬的营养价值。

以前我会空腹喝柠檬水，后来发现应该先吃一点儿东西来垫垫胃。我妹妹也跟着我一起养成了喝柠檬水的习惯，但她有轻微的胃溃疡，早晨空腹喝会不舒服，于是我建议她先吃吐司、温热的早餐后，再饮用温的柠檬水会比较好。

现在我习惯在早餐之后喝杯柠檬汁，再带一整壶榨好的柠檬汁出门，随时补充水分及维生素C。因为我喜欢略带酸甜的口感，最近还发现可以把无糖气泡水加在柠檬汁当中。这样不仅可以戒掉喝糖类饮料的习惯，气泡水还可以帮助肠胃蠕动，气泡也能刺激味蕾，消暑解渴，又增加饱足感。

喝柠檬水的减肥方式不需特别节食，但它只能作为减肥的辅助方式，绝不能作为单一的减肥方法。有时吃得太丰盛，多喝柠檬水，还可以除去体内多余的油脂！

吃天然发酵食品：醋 & 酸奶

健康的身体应该维持偏碱性，而喝醋就是其中一个很好的方法。喝醋的好处很多，好的发酵醋是碱性食物之一，可以帮助维持体内血液的平衡，对于新陈代谢、皮肤保养是非常有效果的。

平时我会喝有机的发酵醋，早上都用 30 毫升的醋加上无糖气泡水一起饮用。而在众多的口味中，我特别爱喝天然的黑蒜醋、苹果醋和山葡萄醋。好的发酵醋当中，有水果或谷物天然的甜味，非常好喝。发酵后的成分还可以调整肠道的环境，每天早上喝完后，“嗯嗯”总是非常顺畅。

挑选醋的时候，记得要选购水果或谷类天然发酵的醋，不要买合成醋，更不可以有糖、香精等人工添加剂，否则会愈喝愈伤身体！

因为我很喜欢吃酸酸甜甜的东西，除了喝柠檬水、醋，我也很爱喝酸奶。但是市售酸奶糖分含量偏高，还有令人担忧的人工添加剂，所以最近一年来，我开始自己做原味酸奶。在有机店买酸奶粉，加到牛奶里，再放入酸奶机中，发酵 12 小时就可完成。最近还有个新发现，只要把上一次没吃完的酸奶再放入牛奶中，以菌养菌，不需要花钱买新的酸奶粉，做出来的酸奶竟特别浓稠，超级好吃！

如果要更节省的话，可以连酸奶机都不用买，使用保丽龙盒或冰桶，在当中倒入热水，再放两个杯子当作支架，然后把牛奶和酸奶以 10：1 比例混合后，放在两个杯子上面，利用水蒸气的温度（37 ~ 40 摄氏度）发酵一个晚上。隔天早上起来就有美味的酸奶可以吃，既省钱又省电，浓稠度和酸度也恰到好处。

以 DIY 的酸奶当早餐，加入无糖麦片、水果，既健康又低脂，更不用担心热量超标，真是一举数得。

Vinegar
& Yogurt

共轭亚麻油酸

共轭亚麻油酸（Conjugated linoleic acid，CLA）很厉害，是帮助我降低体脂率的好帮手。我查了数据，发现它具有改变人体脂肪与肌肉组织比例的功用，可用于控制体重、降血脂以及促进新陈代谢。而共轭亚麻油酸最让现代人青睐的作用是它可以达到有效的减“肥”效果，无论是动物还是人体临床试验都已证实，共轭亚麻油酸可以有效地降低体脂率。

我在减肥的过程当中，每天都补充共轭亚麻油酸，喝了 2 个月就觉得有效，在搭配适度的重量训练及有氧运动的情况下，体脂率从 33% 下降到 25%。共轭亚麻油酸有原味的和其他各种不同的风味，只要将一小匙加到水里面就行。

Conjugated linoleic acid

每天我会喝一小匙共轭亚麻油酸，并偶尔服用女性综合维生素，再加上饮食控制、规律运动，就可以保持不错的身体状态。很多人每天吃一堆保健品，其实不太需要。多数医生也不建议吃太多保健食品，因为身体吸收不了这么多，最后还是被排泄掉。多食无益，记得适度补充就可以了。

少喝酒

奉劝有心减肥的女生要减少喝酒，因为酒的热量很高。以前我很爱唱 KTV、参加派对，特别喜欢喝啤酒，因为酒精浓度较低，不容易喝醉。我曾经和另一个女生朋友两人在 KTV 喝掉两箱啤酒！你没听错，是两箱，一共是 24 瓶。听说两瓶啤酒的热量相当于一碗白饭，嗯，我不敢再换算当天喝进肚子里的热量了。

Drink less

酸酸甜甜的长岛冰茶我也喜欢，但一杯的热量高达 2500 千焦，一杯威士忌的热量也有 2000 千焦，都是很容易让人发胖的酒类。有次朋友骗我说，龙舌兰酒热量不高，还可以加柠檬一起喝，去油解腻。我傻傻地喝了五六杯，事后才发现一小杯热量达 400 多千焦，喝一口等于吃掉一排巧克力。

于是现在我尽量不在晚上聚餐、喝酒，如果朋友相约去夜店喝酒，我会说："我老了，没体力去夜店，而且夜店的音乐好吵，震得我耳朵快聋了。"如果一定要喝酒，我会浅尝一杯红酒或一瓶啤酒，喝完就不再继续，而且隔天会去运动，把囤积的热量消耗掉。

奇亚籽

奇亚籽（英文叫作 Chia Seed）是美国最近很流行的超级食物，它是一种天然的植物种子，含有很高的 Ω-3 不饱和脂肪酸、蛋白质、膳食纤维等，可改善消化系统，促进心脏健康，帮助降低胆固醇，维护血管功能。听说奇亚籽也适合糖尿病人食用，可以缓慢地将碳水化合物转化为糖分，再缓慢地将糖分转化成能量，从而控制血糖。简直太厉害了！

奇亚籽的外皮覆盖着水溶性纤维，泡水后会膨胀好几倍，样子有点儿像山粉圆，外面有一层黏膜，吃了有很强的饱足感。它有一种淡淡的果仁味道，咬起来有点儿像低热量的珍珠汤圆，又有点儿像芝麻。我觉得很好吃，会把它加在色拉、果汁、豆浆或酸奶里，可以说各种食物都可以搭配。因为奇亚籽的热量低又容易吃饱，这几年在美国被喻为“梦想中的减肥食物”，有兴趣的人可以到专卖进口产品的超市去找找看。

Chia Seed

降脂

四巴掌

我的健身教练马克说，要成功减重，正确、均衡的饮食占了七成比例，剩余三成才是靠运动，所以“吃对东西”是保持体形的关键。教练要求我每一餐都要均衡摄取营养，包含动物性蛋白质、植物性蛋白质、淀粉、蔬菜水果，每种各是一个巴掌大小。我自己为它取了一个名称，叫作“降脂四巴掌”。每一餐营养都丰富，分量也充足，很有饱足感，能够让身体健康地运转。

很多女生喜欢吃甜点，我也不例外，但现在我会把甜点或热量高的食物留在早上当早餐吃，这样身体有一整天的时间可以把热量消耗掉。减肥的人永远会为自己找借口，所以需要有一些动力刺激。为了在早上吃甜点，我就会想早点儿起床，这也逐渐让我养成了早睡早起的好习惯。至于垃圾零食，我很少碰，一整年所吃的薯片、方便面不超过 3 包。这些食品当中有太多的人工添加剂，会让身体的新陈代谢紊乱。如果要吃零食，最好吃用天然食材制成的！

Lipid-lowering

姐妹聚餐也不怕的秘诀

Dine together

我有一群好姐妹，每个月都会相约聚餐。外出用餐，难免会吃得比较多，口味也偏重，吃完通常会再来一份美味的甜点、饮料。一顿饭吃下来，热量惊人。

以前我外出用餐，必定“贯彻始终”，每样美味都尽情地吃。但现在会重视“分量上的拿捏”，如果点西餐，尽量不点套餐，不喝汤，不吃沙拉，主餐改点分量较小的。例如：吃牛排时不点大份的，改吃最小的6盎司。甜点则和朋友共享，不再自己独享一整份。如果相约吃中餐，我就不吃餐厅的米饭，改吃自己带去的藜麦。朋友们一开始很好奇我吃的是什么，每次我都不厌其烦地推广吃藜麦的好处，介绍它是热量较低、可降血脂、又有饱足感的营养谷物。现在不少朋友跟着我一起吃黎麦，吃不到一碗就饱了，大家的食量都在减少！

我妈长年注重养生，饮食少油、少盐，出门聚餐时，她会自备吐司，如果餐厅做的菜比较油，她就用筷子夹菜，放到吐司上面压一压、吸吸油再入口。她的朋友也学她，一群中年太太聚餐，就一起做出夹菜、用吐司吸油的动作，画面非常有趣。有时候人家请客，为了尊重对方，我妈不好意思自己带吐司，她就选择不吃米饭，把米饭压平，再夹肉，将肉压在米饭上面稍微过油再吃，一点儿也不失餐桌礼仪。

消水肿的好朋友：红豆水

Red beans in water

红豆有利水、解毒、消肿的功效，所以喝红豆水可以消水肿，改善下半身浮肿现象，很适合女生生理期时饮用。

孕妇怀孕后期，双脚容易受压迫而肿胀，也很适合喝红豆水。

红豆水的正确煮法是将水烧开，水一沸腾，立刻把红豆丢进去，盖好锅盖，并且快速关火，再以水的温度焖红豆 20 分钟。标准的红豆水颜色应该是淡淡的红土色，所以煮到色泽正确时赶快把红豆捞出，不加糖，等红豆水稍微放凉后就可以当水喝。要切记，绝对不可以煮到红豆水的颜色变混浊，那表示红豆已爆开，淀粉跑进水里了。如果喝到混有淀粉的红豆水，效果会打折，热量也高出许多。

煮好的红豆水会有一种红豆本身的土腥味，有些人不喜欢，所以会加糖，但加糖会增加热量，所以我习惯把原味红豆水装在水壶当中，运动时带着当水喝。煮完红豆水的剩余红豆如果不想浪费，可以再另外加水，煮成甜红豆汤留给家人喝。

克制
消夜的方法

Midnight snack

以前我虽然没有吃夜宵的习惯，但若朋友邀请晚上喝酒、唱 KTV，几杯黄汤下肚后，特别容易开胃，一定会再吃一些菜品。我曾经在晚上唱 KTV 时，一个人包办了 3 盘爆溪虾，外加两盘菜脯蛋，唱完歌后再去 24 小时营业的凉面店续摊。我家在台北西门町区域，这里有几家通宵营业的知名快餐店，肥美的虱目鱼、肉丝蛋炒饭、鲜甜的三杯蛤蜊，天啊！我一想到就流口水。

身体在晚上的新陈代谢比较慢，所以越晚进食越会囤积过多的热量。开始积极瘦身以后，我会刻意减少晚上的饭局，避免吃夜宵。如果朋友的时间没办法调整，一定非约晚上不可，我就会约早一点儿，并且尽量选择日式餐厅，点生鱼片、沙拉这一类较清淡的食物，热量较低。

如果约 KTV 唱歌，也选择在下午，白天喝酒、吃东西，有足够的时间把热量消耗掉。不过，唱 KTV 似乎要在晚上比较有趣。有几次我约朋友下午唱 KTV，都没人理我，还说我很难搞！唉，为了瘦身，难免要做一些牺牲啊！

so easy

靓食谱

RECIPE

自从开始注意健身之后，除了培养良好的运动习惯，我特别在意饮食，总是告诉自己尽量避免食用人工添加剂、精加工食品，吃天然食物才能摄取到天然的营养。

下面跟大家分享几道简易的健康食谱，可以兼顾口感和美味，也有丰富的营养。现在就跟着我一起动手做吧！

彩虹生日草莓香蕉蛋糕奶昔

草莓是营养价值很高的超级食物。在这份奶昔中，我以香蕉增加甜味，可以降低草莓的酸度。杏仁油和椰子油对人体很好，可以适度添加。

材料

冷冻香蕉 1 / 2 根
冷冻草莓 3 ~ 5 颗
低脂“茅屋吉士”（Cottage Cheese，在贩卖进口食材的超市或大卖场找得到）1 / 2 杯
乳清或高蛋白 1 茶匙（可根据自己的需求决定是否添加）
椰子油或杏仁油 1 茶匙
香草精 1 / 2 茶匙
开水半杯（随个人口味）
冰块 5 ~ 8 块
彩虹糖（装饰用）

做法

将所有食材放入果汁机里面，打成奶昔为止。

杏仁香蕉酸奶燕麦奶昔冷饮

早上起床胃口不好，很适合喝一杯流质的健康奶昔，为身体迅速补充营养，一整天都会充满活力！

材料

冷冻（或新鲜的）香蕉 1 根
无糖酸奶半杯（约 20 毫升）
杏仁粉 1 茶匙
生燕麦 1 杯
乳清蛋白 1 茶匙
冰块 5 ~ 8 块

做法

将所有食材放在果汁机里面，打成奶昔为止。如果你的果汁机不够有力的话，那就在打汁的时候多加一些水。

Oreo 杏仁饼干乳清奶昔

在这份奶昔食谱当中，我用了一片 Oreo 巧克力饼干，偶尔吃一点点高热量的市售零食会让心情愉快，但记得适可而止！免得吃进太多多余的热量。

材料

无糖杏仁汁 200 毫升
香草精油 1 茶匙
Oreo 巧克力饼干 1 片
乳清或高蛋白 1 勺
椰子粉 1 汤匙
无糖可可粉 2 茶匙
甜菊粉 1 茶匙
冰块 5 ~ 7 块（依浓稠度调整）

做法

只要将所有食材放在果汁机里面打成奶昔即可。

樱桃香蕉 可可杏仁奶昔

这份奶昔食谱兼顾营养与美味，甜甜的口感很适合当作下午茶饮用，让忙碌的身心放松一下。

材料

冷冻黑樱桃 5 ~ 8 颗
冷冻香蕉半根
奇亚籽 1 茶匙
无糖杏仁牛奶或杏仁汁 200 毫升
乳清蛋白 1 茶匙
过滤水 1 / 3 杯
可可粉 1 茶匙
冰块 5 ~ 8 块

做法

只要将所有食材放在果汁机里面打成奶昔即可。

蓝莓香蕉
奇亚籽奶昔

奇亚籽含有非常多的膳食纤维，可增强饱腹感。蓝莓本身除了热量低之外，还有抗氧化效果。两者都非常适合在减肥期间食用！

材料

冷冻香蕉 1 根
冷冻蓝莓 1 茶匙
奇亚籽 1 茶匙
蛋白粉 1 匙（可根据自己的需求决定是否添加）
豆浆酌量（若要维持奶昔口感，就不要加太多）
猕猴桃半个
冰块 3 ~ 6 块

做法

只要将所有食材放在果汁机里面打成奶昔即可。

薄荷精油可可水果奶昔

甜菊是天然调味剂，用食物烘干机烘干后，将脆脆的甜菊叶片磨碎成粉末，撒在饮料里，有天然的甜味和清新的花草味，非常好喝。

材料

椰奶 1 / 2 杯
新鲜菠菜 1 碗
新鲜薄荷叶 2 汤匙
食用薄荷精油 1 ~ 2 滴
高蛋白或乳清 1 茶匙
冰块 5 ~ 8 块
新鲜酥梨 2 汤匙
甜菊粉或新鲜甜菊叶少许
碎可可 2 茶匙

做法

只要将所有食材放在果汁机里面打成奶昔即可。

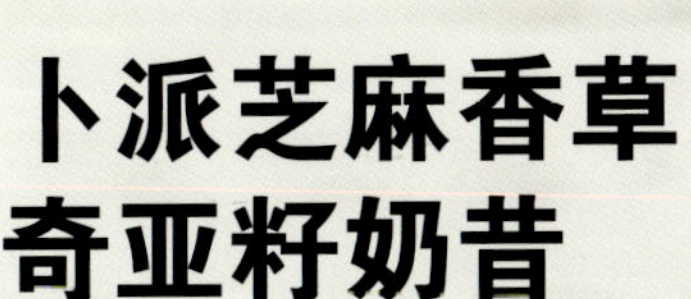

卜派芝麻香草奇亚籽奶昔

我在重量训练后会以水果、蔬菜混合乳清奶昔补充纤维素及蛋白质。有时候不想吃饭，也可用自制奶昔代替一顿正餐。

材料

香草乳清或高蛋白 1 茶匙
香蕉（可先冷冻起来增加口感）1 / 2 根
冷冻蓝莓 1 / 4 杯
新鲜菠菜 1.5 杯
奇亚籽粉 1 茶匙
无糖黑芝麻粉 1 茶匙
冰块 5 ~ 8 块
水适量

做法

将所有食材放在果汁机里面打成奶昔即可。

紫色梦幻
蓝莓莱姆苏打

蓝莓热量很低，具有酸甜的滋味，搭配淡淡的薄荷香，在忙碌之余喝一杯，立刻拥有好心情！

材料

冷冻蓝莓适量
莱姆适量
苏打水
薄荷叶

做法

依杯子大小，放入适量蓝莓，接着加入适量莱姆，最后再倒入七分满的苏打水即可。

春季小清新
菠萝薄荷苏打

气泡水中的碳酸气体可以促进新陈代谢，也会增加饱足感，是减肥期间的好朋友！

材料

菠萝适量
薄荷叶适量
苏打水

做法

依杯子大小，将菠萝切块后放入杯中，接着加入些许薄荷，最后再倒入七分满的苏打水即可。

图书在版编目（CIP）数据

我的肉肉年代 ： 周靓的健渐美日记 / 周靓著. -- 北京 ： 人民邮电出版社, 2017.5
（悦动空间. 健身训练）
ISBN 978-7-115-44829-3

Ⅰ. ①我… Ⅱ. ①周… Ⅲ. ①健身运动－基本知识 Ⅳ. ①G883

中国版本图书馆CIP数据核字(2017)第045661号

版权声明

原著作名：《我的肉肉年代：周靓的健渐美日记》

原出版社：尖端出版

作　者：周靓

中文简体字版© 2017 年，由人民邮电出版社出版。

本书由尖端出版正式授权，经由 CA-LINK International LLC 代理，由人民邮电出版社出版中文简体字版本。非经书面同意，不得以任何形式任意重制、转载。

◆ 著　　　　周　靓
责任编辑　刘　朋
责任印制　彭志环

◆ 人民邮电出版社出版发行　　北京市丰台区成寿寺路 11 号
邮编　100164　　电子邮件　315@ptpress.com.cn
网址　http://www.ptptress.com.cn
北京顺诚彩色印刷有限公司印刷

◆ 开本：690×970　1/16
印张：11.25　　　　2017 年 5 月第 1 版
字数：183 千字　　　　2017 年 5 月北京第 1 次印刷
著作权合同登记号　图字：01-2016-7047 号

定价：49.00 元

读者服务热线：(010)81055339　印装质量热线：(010)81055316
反盗版热线：(010)81055315
广告经营许可证：京东工商广字第 8052 号